コンパクト 経済学ライブラリ　1

コンパクト
経済学　第3版

井堀 利宏

新世社

編者のことば

　経済学の入門テキストは既に数多く刊行されている。それでも，そのようなテキストを手に取りながら，数式や抽象的理論の展開を目にしただけで本を閉じてしまう入門者も少なくない。他方で，景気回復や少子高齢化，労働市場の流動化，金融の国際化・ハイテク化，財政赤字の累増等，経済学に関係の深い社会問題自体には関心が高く，現実の経済現象が経済学でどのように捉えられるかという問題意識を持つ読者も多い。こうした傾向を捉え，いま，より一層の「わかりやすさ」「親しみやすさ」を追求したテキストの出版が求められている。

　これまで新世社では，「新経済学ライブラリ」をはじめ，「〈入門/演習〉経済学三部作」，「基礎コース［経済学］」等，いくつかの経済学テキストライブラリを公刊してきた。こうした蓄積を背景に，さらに幅広い読者に向けて，ここに新しく「コンパクト 経済学ライブラリ」を刊行する。

　本ライブラリは以下のような特長を持ち，初めて学ぶ方にも理解しやすいよう配慮されている。

1. 経済学の基本科目におけるミニマムエッセンスを精選。
2. 本文解説＋ビジュアルな図解という見開き構成によるレイアウトを採用。概念・理論展開の視覚的理解を図った。
3. 現実の経済問題も取り入れた具体的な解説。
4. 半年単位の学期制が普及した大学教育の状況に適した分量として，半期週1回で合計14回程度の講義数という範囲内で理解できるように内容を構成。
5. 親しみやすいコンパクトなスタイル。

　従来にないビジュアルかつ斬新で読みやすいテキスト・参考書として，本ライブラリが広く経済学の初学者に受け入れられることを期待している。

井 堀 利 宏

第3版へのはしがき

　本書は経済学の基本的な原理・原則をコンパクトに解説すると共に，日本経済の具体的な事例もわかりやすく説明した入門書である。第3版の改訂では，経済学の基本的な知識に基づいて，最近の経済動向を踏まえて，コラムでの解説をさらに拡充することで，経済学の基本的な考え方がよりコンパクトにわかるようにした。本書を読むことで得られる経済学の知識は，これから経済学を学ぼうとする学生だけでなく，すでに社会で経済に関わるさまざまな経験を積んできた人にも，身近な経済問題や日本経済全体の動向を考える際のヒントになるだろう。

　経済学のテキストで想定する（人間は合理的であるという）経済合理性や（自由な競争を想定している）市場の完全さは，実際の経済社会ではうまく働いているとも言えない。それでも，ミクロ経済学の基本である価格決定の経済原則がいろんな分野に応用できるのを知っておくことは有益である。また，マクロ経済学の視点で経済現象を理解することで，景気がこれからどうなるのか，日本経済の再生は可能なのか，日銀の金融政策は私たちの生活にどう影響するのか，グローバル化はよいことなのかなど，さまざまな場面で経済学の想像力を働かせることができる。経済学をコンパクトにマスターする上で，今回の改訂が少しでも役立つことを願っている。

　最後に，改訂作業における新世社編集部の御園生晴彦氏，菅野翔太氏の暖かいご尽力に厚くお礼の言葉を述べたい。

2024年6月

井堀　利宏

初版へのはしがき

　経済学の知識は，経済学部の学生のみならず，広く政策にかかわる行政府，立法府の関係者，経済問題に関心のある一般市民にとっても，重要になってきている。経済学の基礎を学ぶことは，広くさまざまな経済現象を分析するために必要であるが，同時に，論理的思考を身につけることで，経済現象以外の問題を分析する際にも有益になる。

　経済学は標準的体系が整備されている学問であるから，基本的知識を論理的に頭に入れることが，経済学の理論を学ぶ際には必要不可欠である。その一方で，単なる理論の習得にとどめず，現実の経済制度や経済問題にも関心をもつバランス感覚も大切である。

　「コンパクト 経済学ライブラリ」では，「本文解説＋ビジュアルな図解」という見開き構成を採用して，経済学のミニマムエッセンスを精選して解説している。本書はその中でも，もっとも基本となる入門書である。したがって，本書では，経済学の初歩についてわかりやすく説明することを基本にしながら，現実の経済問題を分析する際に，そうした理論を有効に適用できる具体例を示すことに重点を置いている。本書で取り扱う理論的な分析用具が，今日の日本経済が直面する課題を考える際に有益であると読者が実感できれば，本書のねらいは実現されたといえよう。

　本書の特長は以下の3点である。第1に，「コンパクト 経済学ライブラリ」の特長を生かす形で，図を用いた理論の展開などに技術的な説明を工夫するとともに，直観的に解説している。読者は右側ページの図表を読み進めるだけでも，経済学の基本的な考え方やその応用例について，大体の理解を得ることができるだろう。

　第2に，コラムを用いて，最近のわが国の経済における変化，たとえば，少子高齢化・国際化・社会保障・財政赤字の累増・金融市場の変動など，今日的な経済問題を考える上で重要と思われる諸現象についても，説明している。

　第3に，左側のページでは，経済学の基本的な考え方をわかりやすく，かつ，明快に解説している。難しい数式はほとんど使用していないので，経済数学に抵抗のある読者でも容易に読み進むことができるだろう。その結果，経済理論の基本概念をきちんと説明するとともに，現実の経済問題を考える際の判断材料を提供するという本書の目的が達せられることを，期待している。

　最後に，このテキストの企画から校正に至るまで多大な協力を惜しまれなかった新世社編集部の御園生晴彦氏，清水匡太氏，出井舞夢氏に，厚くお礼の言葉を述べたい。

　2009年8月

　　　　　　　　　　　　　　　　　　　　井堀　利宏

目　　次

第1章　経済学とは　　1

第2章　消費者の行動　　21

第3章　企業の行動　　41

イラスト：クラシゲアキコ

第 1 章
経済学とは

経済学の考え方 □

経済学の分野 □

経済学の歴史と展望 □

● 経済学の考え方

合理的な行動

　経済学は，市場経済での経済活動の仕組みを分析する学問である。経済学では，家計や企業などさまざまな人々による経済活動がどのようなメカニズム・原理で行われているのか，そして，市場における経済取引がどのように行われているのか，また，そうした経済行動や結果にどのような問題点があるのかを，簡単な理論的仮説を用いて説明する。その際に，経済学では，**経済主体**（家計や企業など経済活動をする単位）が「経済的に合理的な行動」をすると想定する。

　「経済的に合理的な行動」とは，ある経済的な目的を達成するために，与えられた資源や予算の制約の中でもっとも望ましい行為を選択する行動（＝**最適化行動**）である（**コラム**参照）。たとえば，家計は，同じ財・サービスを購入する機会が複数あって，購入価格の条件が異なるとすれば，もっとも安い価格で購入できるところを選択する。企業は，生産したものを高い価格で購入してくれるところへ販売する。あるいは，家計は，懐具合（自分の所得の大きさ）を無視して，衝動買いをして，借金の返済で首が回らなくなる行動は取らないと考える。また，企業も売れないものをたくさん生産して，赤字で倒産してしまうような行動は取らないと考える。自分に課せられた所得や資源，技術の制約のもとで，家計であれば経済的満足度（**効用**）を最大化し，企業であれば収益（**利潤**）を最大にするように行動すると想定する。

　実際には，人間は必ずしも合理的に行動しないかもしれない。しかし，合理的行動を想定するのは，社会全体のおおまかな傾向を描写する上で有益である。

コラム　経済的に合理的な行動とは？

　家計が消費行動をする場合，いろいろな購入パターンがあるだろう。たとえば，以下のような6通りのケースで，経済的に合理的でない行動はどれだろうか。

（ア）できるだけ安く買う。

（イ）サービスが良ければ，高くても買う。

（ウ）お店が立派だったので，高くても買う。

（エ）店員が気に入ったので，高くても買う。

（オ）自分が金持ちに見られたいので，高くても買う。

（カ）どの店で買っても同じ値段のはずだから，価格を気にしないで買う。

　（ア）は当然合理的な行動である。（イ）はサービスも含めた総合的な便益で購入するかどうかを決めると考えると，もっともらしい。（ウ）は必ずしも合理的ではないかもしれない。購入する財と店の立派さとは一般的には関係がない。しかし，不良品だった場合，後で交換してもらう可能性を考えると，立派な店構えのほうが事後的な対応に信頼性があるかもしれない。その場合は，店構えも重要な判断材料になる。（エ）も同様に，店員に対して事後的な対応を求める可能性があれば，この点を重視するのは，合理的行動といえる。（オ）は見栄の行動であるから，こうした虚勢に価値を見出せる人にとっては，合理的行動と解釈できる。（カ）は，市場の効率性を信じるかどうかの問題である。他人が価格の安い店を探す行動をすると，売るほうでも競争圧力が働いて，価格を下げざるを得ない。その結果，どこの店でも最安値の価格で販売されるようになる。その場合，自分が取り立てて熱心に安い店を探す必要はないので，合理的行動といえる。しかし，ある程度の価格差が残る場合も多いので，まったく価格に無頓着だと，割高な購入に終わるケースもある。

　したがって，経済学は「制約つきの最大化問題を用いて分析する学問である」といわれている。第2章，第3章で説明するように，家計であれば予算制約のもとで効用を最大にするように行動し，企業であれば生産制約のもとで利潤を最大にするように行動すると考える。

インセンティブ

　経済学の考え方の基本は，家計，企業などが自分の意思で自分にとって望ましいと思う経済行動をする，というものである。政府あるいは他人から強制されて，消費したり，労働したり，生産したりすることはないと考える。そこでの基本的な概念はインセンティブ（誘因）にもとづく自由な意思決定である（図1-1）。

　たとえば，賃金が高くなれば，労働者の働く意欲が旺盛になる。企業が残業代金を高く設定すると，従業員は今までよりも多くの残業をする気になる。市場での販売価格や売上が上昇すれば，企業はもっと生産するようになる。また，市場での購入価格が低下すれば，家計の購入意欲は増加するだろう。

機会費用

　自由な意思決定で合理的な経済行動をする場合，費用（コスト）の概念が重要である。どんな経済活動にも費用はかかる。費用との見合いで，ある経済行為（消費行為や生産活動など）をすることが得かどうかが決まってくる。

　費用とは，何らかの経済行為をする際の損失である。たとえば，家計が消費をする際には，消費財を購入する必要があるが，その購入金額が消費の損失＝費用である。また，企業が生産活動で労働，資本などの生産要素に支払う金額（賃金や利子費用）も，企業にとっては生産の損失＝費用である。

図1-1　インセンティブ

コラム　経済用語について

▶**家計・企業・政府**

　経済学で登場する主要な人物（経済主体）は，家計・企業・政府の3つである。家計は，消費者の総称であり，労働を提供して所得を得て，消費財サービスを購入したり，将来に備えて貯蓄をする。企業は，労働者を雇用し，資本設備を稼働させ，生産活動に従事し，その生産物を市場で販売して，利潤を得る。政府は，市場経済が円滑に機能し，所得が公平に分配されるように，さまざまな政策を実施する。

▶**財とサービス**

　市場で取引されるモノには，リンゴやミカンのように物理的で有形な生産物（財）の他に，医療や教育など有形でないサービスも含まれる。最近ではサービス取引の比重が多くなって，経済がソフト化していると言われる。なお，財は希少性をもたない自由財（空気や日光など）と，希少性があり市場で取引される経済財に分けられる。経済学は，経済財・サービスを対象にしている。

実際に見えないけれども，実質的にかかる損失（**機会費用：図1-2**）もある。たとえば，企業が自分で準備した資金で投資をする。投資をする際に新たに金銭的費用は発生していないように見える。しかし，もし企業がその投資をする代わりに，資金を他人に貸せば，何らかの収益を得たはずである。そうした収入の機会があるにもかかわらず，投資資金に回す場合には，実質的にその収入をあきらめたことになる。これは収入の減少＝損失であり，費用として計上すべきである。これが，機会費用の考え方である。

仮定の設定

現実の経済現象を解明するには，複雑な状況が多い。たとえば，図1-3のようにリンゴの需要を考えてみよう。もちろん，リンゴの価格はリンゴの需要を決める大きな要因である。しかし，ミカンの価格，バナナの価格，パイナップルの価格など他の果物の価格も，リンゴの需要に影響するだろう。また，果物以外の食料品や衣料品，さらに，世の中すべての人々の所得や天気などありとあらゆる要因が，たとえば車の価格でさえもリンゴの需要に影響する。

それらをすべて考慮することは不可能であるし，意味のあることでもない。重要と思われる要因のみを抽出し，他の要因は変化しないものと考えて，それらの効果を無視する。これが「他の条件が変わらなければ」という仮定の意味である。この仮定は，複雑な経済現象を論理的に分析する際に有効である。

経済学の大きな特徴は，思考実験としてこうした仮定を自由に設定することにある。たとえば，ミカンの価格は現実では一定でない。しかし，リンゴの市場の分析をする際に，ミカンの価格を一定と仮定することがよくある。経済学は安易に仮定をする学問と批判されることも少なくない。

図1-2　機 会 費 用

機会費用は経済主体によって異なる。たとえば，A君とB君が病気のために仕事を1日休んだとき，A君の日当が1万円，B君の日当が2万円とすると，仕事を1日休むときの機会費用は，A君が1万円，B君が2万円である。

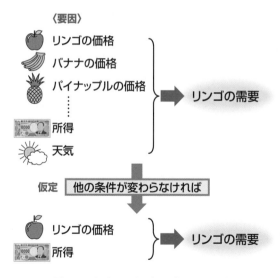

図1-3　仮定の設定（リンゴの需要の例）

経済分析の方法

　経済分析の方法としては，2つのアプローチがある（**コラム**参照）。一つは，**部分均衡分析**である。ある特定の対象に限定して分析する方法であり，一つの市場に分析の焦点を合わせる。その市場で取引される財の価格と数量が分析の関心事であって，それ以外の財の価格などは「他の条件として一定」とみなす。たとえば，リンゴの市場に分析を限定して，リンゴの価格がどのようにして形成されるのかを分析する。

　もう一つは**一般均衡分析**であり，すべての経済変数の動きをまとめて分析する方法である。すべてを考察することは複雑であるため，一般均衡分析は高度に数学的なモデルを必要とする。

経済学の特徴

　経済学は，社会科学の他の分野（たとえば，政治学，法学，社会学など）と異なり，ある程度標準化・制度化されている。すなわち，経済学は数学などの自然科学に似た体系になっており，世界中で共通の理論的枠組みが確立されている。これは，社会科学の学問では珍しいことである（経済学以外の社会科学では，複雑な社会現象を対象とするので，分析手法も多様であり，その評価も人によってさまざまである）。

　そのため，経済学は社会科学の中で唯一，ノーベル賞の対象になっている（表1-1）。経済学の成果はある程度客観的に評価できることから，自然科学と同様に，国際的な審査基準を満たす学術論文の数や内容で行われるのが普通である。学術論文は既存の研究成果を前提にそれを改良する作業であり，共通の分析手法を前提にして，最新の研究成果が日進月歩で報告されるため，世界中の研究者が注目している。

コラム　経済分析の目的

　経済分析の目的としては，2つのアプローチがある。一つは**事実解明的分析**（あるいは**実証的分析**）であり，経済の現状や動きを解明し，客観的な理解を目的とする。もう一つは**規範的分析**であり，ある価値判断のもとにどのような経済政策が望ましいかを分析する。

　たとえば，家計の消費行動の実態を分析したり，カルテル行為（第4章 p.74参照）によって誰が得し，誰が損するのかを分析したりするのは，事実解明的分析の目的である。それに対して，家計の消費行動の望ましい姿を議論したり，カルテル行為の是非を議論したりするのが，規範的分析の目的である。

表1-1　近年のノーベル経済学賞の受賞者

年	受賞者名	国
2023	クラウディア・ゴールディン（77）	アメリカ
2022	ベン・バーナンキ（68） ダグラス・W・ダイヤモンド（69） フィリップ・ディブヴィグ（67）	アメリカ アメリカ アメリカ
2021	デヴィッド・カード（65） ヨシュア・アングリスト（61） グイド・インベンス（58）	カナダ アメリカ オランダ
2020	ポール・ミルグロム（72） ロバート・バトラー・ウィルソン（83）	アメリカ アメリカ
2019	アビジット・V・バナジー（58） エステル・デュフロ（47） マイケル・クレーマー（55）	インド フランス アメリカ
2018	ウィリアム・ノードハウス（77） ポール・ローマー（63）	アメリカ アメリカ
2017	リチャード・セイラー（72）	アメリカ
2016	オリバー・ハート（68） ベント・ホルムストロム（67）	イギリス フィンランド
2015	アンガス・ディートン（70）	イギリス
2014	ジャン・ティロール（61）	フランス
2013	ユージン・ファーマ（74） ラース・ハンセン（61） ロバート・シラー（67）	アメリカ アメリカ アメリカ

（注）（　）内は受賞時の年齢。

経済学の学び方

　前述のとおり経済学は，社会科学の中でももっとも標準化された学問である。したがって，その学習方法は，数学や自然科学の学習方法とよく似ている。まず議論の前提を明確にして，その中で，家計や企業など経済主体の経済行動の目的を明示する。そして，さまざまな経済環境，経済制約がそうした経済主体の行動にどう影響するのかを論理的に考える。こうした論理展開を一つひとつの段階を踏んで理解すれば，経済学の学習は，それほど困難ではない。

　ただし，経済学は自然科学と異なり，現実の複雑な経済現象を取り扱う。そこでは自然科学でよく用いられる実験による検証が利用しづらい。また，データ面での制約もあり，ある経済問題を考察する際に，正しい答えが必ず一つだけ用意されているわけではない。場合によっては複数の正解がある。そこが経済学のつかみ所のない部分であるが，同時に，おもしろい面でもある。

● 経済学の分野

ミクロ経済学とマクロ経済学

　経済学の基本的な専門分野は，**ミクロ経済学**と**マクロ経済学**である。ミクロとマクロの違いは，個別の企業，家計，市場を分析の対象とするのか（ミクロ），日本経済全体のような国民経済を分析の対象とするのか（マクロ）の違いである。家計や企業の経済行動から，市場の需要と供給の分析するのが，ミクロ経済学である。そこでは個々の経済主体の最適化行動を前提として，市場で経済活動を分析したり，産業間での関連を考察したりする。マクロ経済学は，インフレーションや国内総生産（GDP）などの国民経済全体の動きに関心がある（**表1-2**）。

コラム　経済学は役に立つのか？

　経済学を学ぶと，金儲けができるだろうか。経済学者は経済学の知識を利用して，金持ちになることができるだろうか。答えは，「NO」である。経済学を学べば，物価，株価，為替，地価などがどう決まるのか，わが国や世界の景気がどうなるのかなどについて，ひととおりの知識をもつことができる。こうした理解は，賢く経済生活する上で有益である。しかし，だからといって，他人よりも金持ちになれるわけではない。

　市場が機能している限り，多くの人のもっている情報は同じようなレベルに均一化する。その結果，誰でも同じような経済活動の利益を上げることができる。たとえば，トヨタの業績が悪くなると株が下落するので，トヨタの業績に詳しくない人でも，割高の株価でトヨタの株をつかまされることはない。

表 1-2　ミクロ経済学とマクロ経済学の比較

	ミクロ経済学	マクロ経済学
対　象	個別経済主体の活動	一国の全体的な経済活動
経済主体	個別家計 個別企業	代表的家計 代表的企業 政府
変　数	ある財の価格，ある財の生産量など，個々の財・サービスに関する変数	GDP，インフレーション，失業率，経済成長率など一国全体の経済活動に関する変数
理論的枠組み	部分均衡分析 ただし，抽象的なミクロ・モデルでは一般均衡分析も用いられる	一般均衡分析
合理性	きちんとした合理性を前提	ある程度曖昧な部分もある

　2つのアプローチは対立するものではなく，互いに補完し合うものである。ミクロ経済学，マクロ経済学以外の経済学の諸分野は，**応用経済学**と呼ばれている。財政，金融，国際経済，産業組織，労働，医療，環境などいろいろな分野でミクロ・マクロ経済学の分析用具を応用して，議論が展開される（図1-4）。

経済分析と経済政策の目標

　経済学の分野は，経済政策の目標という観点からも分類可能である。すなわち，経済政策の目標は，**効率性**と**公平性**の実現である。

　効率性とは，ある限られた資源を適切に活用することで，すべての参加者の経済的満足度を高くするものであり，経済活動の成果＝パイの最大化に相当する。ミクロ経済学の主要な関心事は，市場で効率性が実現するかどうかである。市場メカニズムがうまく機能せず，効率性が実現できないときに，ミクロ的な政策介入が必要となる。

　公平性は，経済活動の成果をどのように再配分すべきか（＝パイの分け方）を問題としている。通常，市場で実現する所得や資産の分配状況で，社会的価値判断のもとで望ましくない経済的格差が生じる。マクロ経済学の主要な関心事は，公平性の観点から，所得や資産を再分配する政策のあり方を議論することである。

経済学の歴史と展望

古典的な経済学

　経済学のもっとも古い（しかし，普遍的でもある）理論は，「経済学の父」と呼ばれるアダム・スミス（A. Smith）である。『国富論（諸国民の富）』（1776年）で彼が用いた用語である「見えざる手」は，自らの利益を追求する個人の試みが，見えざる手によって，

図1-4　経済学の分野

ミクロ経済学とマクロ経済学が基本的な分野であり，それらの応用として，財政，金融，国際経済，産業組織，労働などの応用経済学の分野がある。

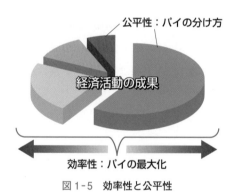

図1-5　効率性と公平性

コラム　アダム・スミス（1723-1790）

　「見えざる手」という用語を用いて，市場経済のメリットを強調したアダム・スミスは，同時に，市場放任主義の危険性も認識していた。彼の主著の一つである『道徳感情論』（1759年）では，道徳哲学の伝統にもとづき，道徳原理形成と社会秩序維持が重要であることが強調されている。

すべての人々（つまり社会全体）にとって最善の状態を達成させるように導かれることを意味する，市場のメリットを象徴的に示す用語として，経済学の基本概念を見事に表現した。

　その後，経済学は理論的にも精緻になり，実際の経済政策にも適用されるようになった。マーシャル（A. Marshall）は『経済学原理』（1890年）において，「他の事情にして一定ならば」という仮定のもとで，価格理論を部分均衡理論として展開して，実際の経済政策に役立つ経済学の発展に貢献した。経済学は「暖かい心」とともに「冷静な頭脳」ももたねばならないとして，社会的な正義感と科学としての厳密性の両方を重視すべきことを説いたのも，彼である。

　19世紀後半以降，経済学は**一般均衡理論**として発展した。ワルラス（M. E. L. Walras）は，主著である『純粋経済学要論』（1874年）で，交換の理論，生産の理論，資本と信用の理論，流通と貨幣の理論のそれぞれが相互依存関係にあることを示して，一般均衡理論を構築した。

ミクロ経済学

　20世紀に入ると，ミクロ経済学は経済学の基本として，さまざまな分野で理論的に発展した。パレート（V. F. D. Pareto）は，主著『経済学提要』（1906年）で，ミクロ経済学において重要用具である無差別曲線を用いた分析やパレート最適の概念を提示した。その後，ミクロ経済学は，経済学の分野の中で高度の数学的手法を用いる精緻な分析として，発展した。

　アロー（K. J. Arrow）とデブリュー（G. Debreu）は一般均衡モデルを精緻に定式化し，完全競争市場における価格と資源の決定メカニズムを解明した（完全競争市場については第4章で説明する）。ミクロ経済学は完全競争を標準的なモデルとしているが，同時に，

コラム　マーシャル（1842-1924）

　　　　　ケンブリッジ学派の創始者。ケンブリッジ大学で数学を学び，ケンブリッジ大学の教授となる。1890年『経済学原理』によって古典学派の発展的継承を試み，近代経済学の発展に大きな影響を与えた。ピグーやケインズら多くの経済学者を育成したことでも知られる。マーシャルの理論は古典学派の生産費説を限界効用理論に基づいて補強した。

コラム　ワルラス（1834-1910）

　　　　　フランスの経済学者。ローザンヌ学派の始祖。限界効用理論を提唱し，ジェボンズやメンガーと並ぶ近代経済学の創始者の一人と呼ばれている。経済学的分析に数学的手法を積極的に活用し，一般均衡理論を最初に定式化した。この考え方は市場メカニズムの効率性を数学的に研究する端緒となり，ミクロ経済学の発展に大きな影響を与えた。

コラム　古典派経済学と新古典派経済学

　古典派経済学は，18世紀後半から19世紀前半におけるスミス，マルサス，リカードなどのイギリスの経済学者に代表される経済学をいう。新古典派経済学は，もともとはイギリスの古典派経済学の伝統を重視したマーシャルの経済学（ケンブリッジ学派）を指すとされたが，現在では一般に限界革命以降の限界理論と市場均衡分析をとりいれた経済学を指し，近代経済学の主流的な考え方である。数理分析を発展させた一般均衡理論や経済成長理論などがある。

さまざまな不完全競争を引き起こす要因にも注目している。見えざ
る手という市場メカニズムがうまく機能しない場合，どのような政
策的な対応が必要とされるのかについて，ミクロ経済学の研究成果
が多く蓄積されている。

マクロ経済学

　マクロ経済学は，1930年代の大不況を背景として公刊されたケ
インズ（J. M. Keynes）の『一般理論』（1936年）から出発している。
ケインズは市場メカニズムが完全ではなく，総需要が不足するため
に非自発的失業が生じることを指摘し，有効需要の原理や乗数など
マクロ経済学の基本的な概念を導入した。政府が適切に財政政策を
発動することで，失業を減少させることができるという政策的な含
意も強調した。

　その後，マクロ指標である国民総生産（GNP）や国内総生産
（GDP）の概念（第8章参照）が整備され，国民経済計算（SNA）と
して計量的に使用されるようになって，マクロ経済活動の定量的分
析も進んだ。それとともに，マクロ経済学は経済学の主要な学問分
野として発展してきた。今日では，ミクロ経済学とマクロ経済学は
経済学の不可欠な基礎である。

　1970年代後半のスタグフレーション（インフレーションと不況
の同時進行）に対して，ケインズ的なマクロ経済学は有効な解決策
を提示できなかった。フリードマン（M. Friedman）やルーカス
（R. E. Jr. Lucas）などによって，インフレ期待の変化に注目し，合
理的期待形成をマクロモデルに取り入れる試みが行われ，新古典派
的なマクロ経済学が発展した。裁量的な財政金融政策よりも，ルー
ルとしての政策にコミットすることの重要性が強調された。

コラム　ジョン・メイナード・ケインズ（1883-1946）

アカデミックな世界では，マクロ経済学の創始者として有名なケインズであるが，同時に，彼は現実の経済政策の分野や株式投資家としても活発に行動した。国際通貨の創設を主張して，国際通貨基金（IMF）の設立に貢献した。また，株式投資でも成功して，膨大な資産を蓄積した。

2008年後半の金融危機以降，世界的に市場経済に対する不信が広がるとともに，ケインズ的な経済政策が再評価されるようになった。国際金融制度の重要性を強調したケインズに先見の明があったといえるかもしれない。

コラム　マクロ経済学における2つの考え方

マクロ経済学には，大きく分けると2つの考え方がある。

ケインズ・モデル	新古典派モデル
経済主体はそれほど合理的でもないか，あるいは合理的に行動しようとしても，情報収集のコストなどを考慮すると，それほど合理的には行動していないと考える。	経済主体の合理性を最大限に考慮する。ミクロ経済学の応用としてマクロの問題を分析することで，1つの首尾一貫した理論構成をもった分析用具が構築される。

短期的には，ケインズ・モデルの方がより現実的であり，長期的には，新古典派モデルの方がより現実的である。すなわち，不況，失業問題などの短期的な現象とみられる経済分析では，ケインズ・モデルが有益であり，経済成長などの長期的な現象とみられる経済分析では，新古典派モデルが有益であろう。

新しい経済学

　現実の経済問題に対して経済学が政策的にも有効であることを説得的に示した点では，シカゴ学派（シカゴ大学の経済学者のグループ）の存在が大きい。すなわちフリードマンやスティグラー（G. J. Stigler），ベッカー（G. S. Becker）などノーベル経済学賞を受賞した経済学者は，自由市場と完全競争が経済のもっとも効率的な資源配分と運営をもたらすという経済学の基本理念を現実の経済問題に有効な形で応用した。さらに，人々は経済合理的に行動するという立場で，従来は経済学の分析対象と見なされていなかった，家族内での人間関係や結婚，離婚，出産，育児という行動まで，経済学が有効な分析用具として適用可能であることを示した。また，犯罪や革命といった社会問題にも経済学を適用して，現実の経済政策や社会政策にも大きな影響を与えた。

　1980年代以降，経済学は**ゲーム理論**（第4章 p.75**コラム**参照）の発展とともに，大きく変貌した。相手の行動を合理的に想定して，それへの反応として自らの最適な行動を戦略的に決定するというゲーム理論の考え方は，少数の企業が相手の行動を読み合う寡占市場の分析に適している。また，政府の経済政策に対する企業や家計の反応を分析する際にも，こうした手法は有効である。相互依存関係を考慮しつつ，経済行動を分析することが標準的な経済学の分析手法となる中で，ゲーム理論は経済学の不可欠な分析手法として定着していった。

　その後は，ミクロ的な最適化行動を前提とした経済学がさまざまな形で研究され，また，定量的モデルによるシミュレーション分析も活発に行われている。ゲーム理論や政治経済学の発展を背景に，政策当局の利己的行動を明示することで，政治的要因で経済活動が

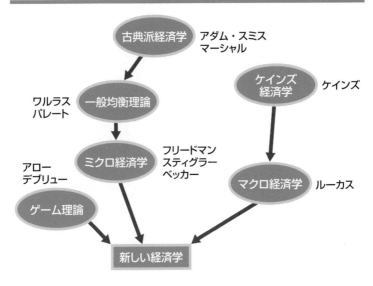

図1-6　経済学の流れ

コラム　行動経済学・実験経済学

　行動経済学は，標準的な経済学のように合理的経済人を前提とするのではなく，実際の人間が一見非合理的と思われる選択や行動をどのように実施しているのかを分析する。人々の最適化行動を定式化する際に，主観的なバイアスを考慮することで，客観的な（本来あるべき）最適化行動からの乖離も許容して，より現実的な経済行動とその政策的含意を分析する。実験経済学は，経済学的な問題に対して実験的手法による研究を行う。自然科学のようにある仮設の実験環境を設計し，被験者に現金による動機付けを工夫して，人々の経済的行動の参考となる実験データを収集する。そして，こうして得られるデータから仮説の妥当性を検証して，市場メカニズムの解明等の経済分析に適用する。

どのように影響されるのかも，活発に研究されている。

● 本章のまとめ

　経済学は，市場経済で経済活動の仕組みを分析する学問である。経済学では，家計や企業による経済活動がどのようなメカニズム・原理で行われているのか，そして，市場における経済取引がどのように行われているのか，また，そうした経済行動や結果にどのような問題点があるのかを，簡単な理論的仮説を用いて説明する。その際に，経済主体が「経済的に合理的な行動」をすると想定する。

　経済学の考え方の基本は，家計，企業などが自分の意思で自分にとって望ましいと思う経済行動をするというものである。政府あるいは他人から強制されて，消費したり，労働したり，生産したりすることはない。つまり，インセンティブ（誘因）にもとづく自由な意思決定である。

　経済学は，社会科学の他の分野（たとえば，政治学，法学，社会学）と異なり，標準化，制度化されている。

　経済学を理解するには，議論の前提を明確にして，その中で，家計や企業などの経済行動の目的を明示して，さまざまな経済環境，経済制約がそうした経済主体の行動にどう影響するのかを論理的に考えることが大切である。

　ミクロ経済学とマクロ経済学が基本の分野であり，これらの分析用具を活用して，財政，金融，国際経済，産業組織，労働，医療，環境などいろいろな応用分野で議論が展開される。

第 **2** 章
消費者の行動

● 消費と貯蓄

家計の消費行動

　家計は，いろいろな財やサービスを消費する消費活動を行う。消費するには所得が必要である。家計は労働可能時間（1日なら24時間）のうち何時間か働いて生産活動に貢献し，その見返りに労働所得を得る。また，何らかの資産を企業に提供することで利子所得や配当所得などを得る。家計は消費財・サービスの需要主体であるとともに，生産要素（労働，資本，土地）の供給主体でもある（図2-1）。

　家計の消費行動を，消費と貯蓄に関する決定と消費配分の決定の2つに分けて考えてみよう。まず，消費と貯蓄の問題を取り上げる。

　たとえば，家計はひと月の所得のうち，何万円をその月の消費の資金に配分し，何万円を貯蓄に回すだろうか。

　仮に所得が20万円のときに（2万円だけそれまでの貯蓄残高を取り崩して）22万円を消費に回し，所得が30万円になれば28万円だけ消費して，残りの2万円を新しく貯蓄し，月給が50万円のときには40万円の消費をして，10万円の貯蓄をする，と想定しよう。このような所得と消費の関係を定式化したのが**消費関数**である（図2-2）。

> 所得（Y）　→　消費（C）

　消費は所得とともに増加する。つまり，所得が多ければ消費額も多くなる。ただし，所得Yが1万円増加しても，消費Cは1万円以下しか増加しない。所得の増加ほどに消費は増加しないで，その差額は貯蓄のほうに回される。所得が今までよりも追加的に1万円増加したとき，それによって増加した消費の大きさΔCを所得の増加

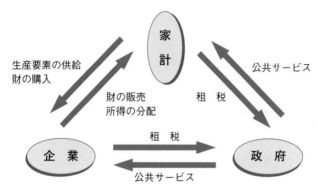

図2-1　家計・企業・政府の関係
企業については第3章，政府については第6章で解説している。

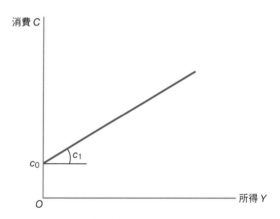

図2-2　消 費 関 数

たとえば消費関数が，$C=10+0.6Y$と表されるとしよう。このとき，限界消費性向は$c_1=0.6$であり，$Y=0$のときに10の消費をする。この消費関数は，図に示すと，切片$c_0=10$，傾き$c_1=0.6$の直線となる。限界消費性向は直線の傾きc_1で一定であるが，平均消費性向は原点Oからの傾きであるから，c_0がプラスであればYの増加とともに次第に逓減する。

分 ΔY（今の場合は1万円）で割った比率 $= \dfrac{\Delta C}{\Delta Y}$ を，**限界消費性向**と呼び，また，貯蓄の追加的な増加分 $\Delta (Y - C)$ を所得の増加分 ΔY で割った比率 $= \dfrac{\Delta (Y - C)}{\Delta Y}$ を，**限界貯蓄性向**と呼ぶ。消費と所得との比率である $\dfrac{C}{Y}$ は，**平均消費性向**と呼ばれる。（Δ はデルタと読み（ギリシャ文字），変化量を示す。）

消費・貯蓄の決定

　得られた所得をすべて消費しないで，少しは貯蓄に回すのは，なぜだろうか。貯蓄動機のもっとも有力な仮説は，将来に対する備えであろう。将来の所得だけでは将来の望ましい消費水準の達成が困難であれば，現在の消費を一部抑えて，貯蓄して，将来の資産を増やすことで，将来の消費に振り替えることができる。

　消費から得られる家計の満足度を示す指標が**効用**という概念である。今20万円だけ消費しているとして，21万円に1万円増加したとき，満足度＝効用がどれだけ増加するかを考えてみよう。1単位の消費量の追加的な拡大がもたらす効用の増加分を，**限界効用**と呼ぶ。この限界効用が，消費を拡大させる追加的なメリットである。ところで，消費量が拡大するにつれて，限界効用は小さくなっていく。

限界効用

　ある時点の消費量が増加すれば，その時点での効用水準も増加する。ただし，その増加の程度（＝限界効用）は次第に小さくなる。限界効用とは，その財の消費量の増加分とその財の消費から得られる効用の増加分との比率である。

コラム　平均と限界，限界メリットとデメリット

　経済学で最初に登場するもっとも重要な概念が，「平均」と「限界」との区別である。限界とは「ある経済行為の追加的な効果」であり，平均とは「ある経済行為の平均的な効果」である。そして，経済的に合理的行動においては，限界的効果がどうであるのかが重要な役割を演じる。つまり，何かの経済的な決定をする場合，たとえば，どれだけリンゴを購入するかを決定する場合，もう1単位だけ追加する場合の限界的なメリットとデメリットがどのくらいかが，重要な判定基準となるのである。

　すなわち，限界メリットのほうが限界デメリットよりも大きければ，その追加的な変化（つまり，もう1個リンゴを購入すること）によって，経済的な満足度は上昇し，逆に限界的なデメリットのほうがメリットよりも大きければ，経済的な満足度は減少する。限界メリットと限界デメリットの一致する点が最適点になる。経済問題を分析する際には，その問題の限界的なメリットとデメリットが何であり，その大きさがどの程度かを考えればよい。

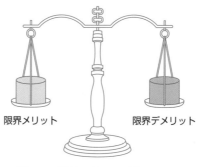

限界メリット　　　　　　限界デメリット

図2-3　限界メリット・デメリット

限界効用＝効用の増加分÷消費の増加分
①限界効用はプラスである。
②限界効用は逓減する（次第に小さくなる）。

このような財（・サービス）の消費量とその消費から得られる満足度（＝効用）との関係を示した関数を，**効用関数**という（図2-4）。効用関数には2つの性質がある（**表2-1**）。

これら2つの性質は，次のように解釈できよう。消費をすると，必ず満足が得られる。最初に少しだけ消費したときには，その財が新鮮に感じられるため，満足度の増加も大きい。すなわち，限界効用は大きい。しかし，同じ財をたくさん消費した後では，その財の追加的な消費はあまり新鮮には感じられない。その財の消費にかなり飽きがきた状態では，追加的な消費の増加から得られる効用の増加分も，それほど大きくはないだろう。したがって，限界効用はプラスであり，その財の消費とともに次第に減少していく（このような減少のことを「逓減」という。**限界効用逓減の法則；図2-5**）。

● 消費配分行動の理論

消費配分行動の例

次に，消費の配分に関する選択について考えてみよう。家計はどのような目的で複数の財・サービスを消費しているだろうか。おおかたの納得する消費行動のルールとしては，次の2つがある。

第1のルール（＝**価格基準**）は，同じ財やサービスであれば，価格の低い企業や店から購入することである。価格はそれらを購入する際のコストであるから，価格の高い財やサービスの消費は，小さい。

第2のルール（＝**バランス基準**）は，複数の似たような財がある

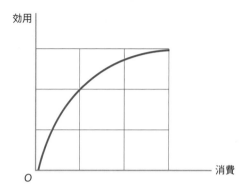

図2-4　効用関数

効用関数は右上がりであるが，その傾き（＝限界効用）は次第に小さくなっていく。

表2-1　効用関数の性質

限界効用正	ある財の消費量が増加すれば，効用水準も増加する。
限界効用逓減	限界効用の大きさは，消費量が増大するにつれて，次第に小さくなる。

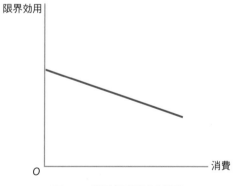

図2-5　限界効用逓減の法則

場合に，一つの財に集中して消費を絞り込むよりは，バランスよく
消費をすることである。たとえば，果物といっても，リンゴ，ミカ
ン，バナナ，モモ，スイカ，パイナップル，パパイヤなどいろいろ
な種類がある。普通は，家計はその中で一つの果物のみを集中して
消費する行動はとらない。一般的に多くの家計の消費行動は，多数
の財やサービスをバランスよく購入している。これが，家計行動の
もう一つの特徴である（図2-6）。こうした消費行動を，家計の効
用最大化行動から説明しよう。

　家計の効用最大化行動とは，ある予算制約の範囲内で複数の財
（たとえば，リンゴとミカンという2つの財）の消費配分を最適に
決める行動である。このうち，リンゴの購入計画について考える
（図2-7）。リンゴの消費量が増加すれば，効用水準も増加する。さ
らに，効用の増加幅（＝限界効用）はプラスであるが，消費量が大
きいほどこの増加幅も小さくなっている。リンゴの消費から得られ
る効用曲線は図2-4のように右上がりであるが，その傾き（＝限界
効用）は次第に小さくなっている。すなわち，限界効用は逓減する
（限界効用逓減の法則）。

　最適な消費は，選択対象となっているものを追加的に拡大したと
きの追加的メリットと追加的デメリットが一致する点で求められる。
リンゴの消費を1単位拡大することの追加的メリットは，リンゴの
消費から得られる限界効用である。限界効用は逓減するから，追加
的メリットもリンゴの消費とともに減少する。

所得効果

　所得が増加し，消費全体に回せる資金量も増加したとしよう。消
費全体の資金量＝所得が増加すれば，リンゴの消費量も拡大する。
このように所得の拡大が財の消費に与える効果のことを，**所得効果**

■ 第1のルール

同じ財やサービスであれば，価格の低い企業や店から購入する

■ 第2のルール

複数の似たような財がある場合に，一つの財に集中して消費を
絞り込むよりは，バランスよく消費する

この2つのルールの下で，その財の購入の限界的なメリッ
トと限界的デメリットが一致するところで購入する。

図2-6　家計の行動基準

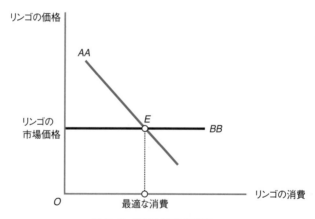

図2-7　最適な消費の決定

リンゴの消費の限界的デメリットは，リンゴの消費を拡大することで他の財・
サービスの購入に回される資金量が減少することである。これは，リンゴの価
格にほかならない。リンゴの市場価格が1個100円とすれば，もう1個追加的
にリンゴを購入するためには，100円余計にお金が必要になる。その分だけ，
他の財・サービスの購入に向けられる資金量が減少する。限界デメリット曲線
BBは，リンゴの市場価格で与えられるので，水平となる。最適な消費は，限
界メリット曲線AAと限界デメリット曲線BBとの交点Eで求められる。

という。通常の消費財は所得効果がプラスであり、**正常財**（あるいは**上級財**）と呼ばれている。リンゴもミカンも正常財であれば、所得が増加するとその財に対する消費も増加する。

　仮にリンゴの消費量がもとのままで、所得が増加したとしよう。これは、リンゴ以外の財・サービス（ミカン）の消費量が増加することを意味する。その結果、リンゴの限界効用も影響を受ける。今までよりもミカンの消費量が多くなれば、リンゴを消費する際にリンゴがより新鮮に感じられ、ミカンの消費量が拡大する前よりは、同じリンゴの消費から得られる限界効用は増加する。したがって、リンゴの限界メリット曲線は、上方にシフトする（図2-8）。

　所得の変化による限界メリット曲線のシフト（移動）が、所得効果である。限界メリット曲線が上方にシフトするケースは、所得効果がプラスであり、正常財あるいは上級財のケースである。財・サービスによっては、所得効果がマイナスになり、限界メリット曲線が下方にシフトする可能性もある。そのような財は、**劣等財**（あるいは**下級財**）である（図2-9）。たとえば、主食としての麦などは劣等財の例である。所得が低いうちは麦を主食として消費しているとしよう。所得水準の上昇にともない、麦の消費は減少し、コメの消費が増加する。このようなケースでの麦は劣等財である。

　あるいは、海外旅行で飛行機を利用する場合、狭いエコノミー席よりも広くて快適なビジネス席へ、特に中高年の需要がシフトする傾向が見られる。所得が低いときにエコノミー席を利用していた家計が所得の増加とともにビジネス席を選択するようになると、エコノミー席に対する需要は所得の増加とともに減少する。そうした家計にとってエコノミー席は劣等財になる。

　金融危機や不況で所得が減少しているときは、レストランでの外

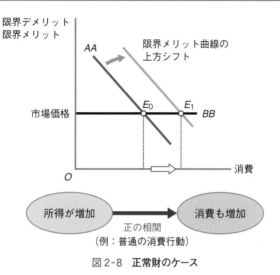

図2-8　正常財のケース

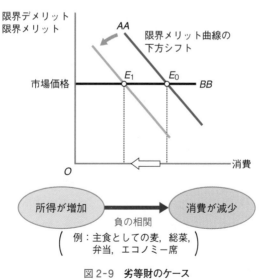

図2-9　劣等財のケース

食を減らして，スーパーの総菜を購入したり，自宅で用意した弁当
を食べる人が増える。この場合，外食は正常財であるが，総菜や弁
当は劣等財である。なお，所得が増加すれば，総購入金額は拡大す
る。価格は一定と想定しているので，これは総消費量の拡大を意味
する。したがって，すべての財が正常財であるのはおおいにあり得
るが，逆のケース，つまり，すべての財が劣等財のケースは考えら
れない。たとえば，選択対象となる財の数が2財のケースでは，一
つの財が劣等財であれば，もう一つの財は必ず正常財となる。

価格変化による代替効果

　リンゴの価格が変化したとき，リンゴの消費量に与える効果を考
えてみよう。直観的には，価格が下落すれば購入量は増加し，逆に，
価格が上昇すれば購入量は減少するだろう。リンゴの価格が低下す
れば，もう一つの消費対象であるミカンよりもリンゴを購入するこ
とが相対的に有利になるため，リンゴの消費が増加する。このよう
に，ある財の価格変化が，相対的に有利，不利となる財の消費に与
える効果を**代替効果**と呼んでいる。代替効果と所得効果を合わせて，
価格効果という（図2-11）。

　代替効果は，実質的な所得が変化しないように調整されたときの
価格変化の動きであり，必ずプラスに働く。すなわち，その財の価
格が低下すれば，その財の需要量は増加する。これに対して，所得
効果は正常財であればプラスであるが，劣等財の場合にはマイナス
である。したがって，正常財であれば，その財の価格が低下すると，
必ずその財の購入量は増加する。逆に言うと，価格が上昇すると，
需要量は減少する。しかし，所得効果がマイナスの場合には，価格
が低下したときに，代替効果を所得効果が相殺する方向に働くので，
総合した効果がどちらになるのかは，理論的には確定しない。

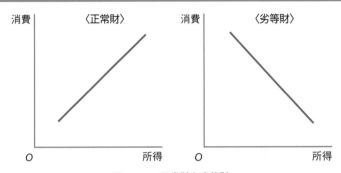

図 2-10　正常財と劣等財

正常財の場合，所得の増加とともにその財の消費も拡大するが，劣等財の場合
は所得の増加とともにその財の消費は減少する。

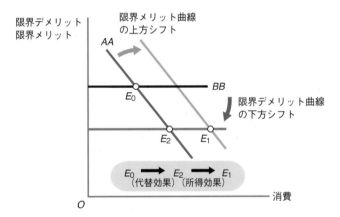

図 2-11　価格効果

一般的に所得効果はプラスであろう（正常財）。正常財を前提として，価格の
低下がもたらす効果をまとめてみよう。リンゴの価格が低下すると，限界デメ
リット曲線 BB は下方にシフトし，限界メリット曲線 AA は上方にシフトする。
そして均衡点は E_0 から E_1 へと移動し，リンゴの消費量は増加する。これを，
E_0 から E_2 への動きと E_2 から E_1 への動きに分解してみよう。前者の動きは，
当初の限界メリット曲線上での移動であり，価格が低下したことの純粋の効果
を示している。これが代替効果である。後者の動きは，限界メリット曲線のシ
フトに対応する動きであり，所得効果である。したがって，価格変化は代替効
果と所得効果に分解される。

ギッフェン財

所得効果がマイナスの劣等財では，その財の価格の上昇により，その財の需要が増加することもあり得る。こうした財は，**ギッフェン財**と呼ばれる。これは，所得効果の大きさが代替効果の大きさを上回っているケースである（図2-12）。その財の価格が上昇すると，実質的な所得が減少するから，劣等財であれば，所得効果からはその財の需要は増加する。これに対して，代替効果からは，価格の上昇によってその財に対する需要は減少する。代替効果よりも所得効果が大きければ，価格の低下によって需要は減少する。

これは，1845年のアイルランドでの飢饉のときに，ジャガイモの需要について実際にみられた現象である。ジャガイモの価格が上昇したとき，経済的余裕がない家計では，より品質の高い他の財に対する支出が抑制され，代わりにジャガイモの支出が増大した。

クロスの代替効果

他の財（ミカン）の価格の変化で相対価格が変化することによるある財（リンゴ）の需要の変化を，**クロスの代替効果**という。ミカンの価格の上昇は，ミカンからリンゴへの需要の代替を引き起こす。このような代替関係にある2つの財は，**代替財**と呼ばれる。リンゴとミカンだけでなく，競合する2財の消費については，代替関係が一般的である。たとえば，肉の価格が高くなれば，魚の需要が増える。

しかし，紅茶とレモン，パンとバター，野球用具のボールとミットなどセットで需要されることの多い財については，そのうちの一つの財の価格が上昇すると，両方の財の需要が減少するだろう。たとえば，紅茶の価格の上昇によって，紅茶の需要が減少するのみならず，レモンの需要も減少する。このような2つの財は**補完財**と呼ばれる。

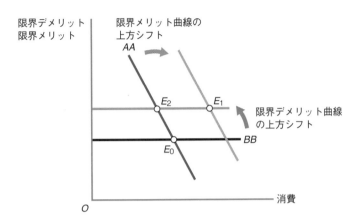

図2-12　ギッフェン財

マイナスの所得効果が大きいギッフェン財の場合，価格の上昇で限界メリット曲線AAが大きく上方にシフトし，限界デメリット曲線BBも上方にシフトする。E_0からE_2への代替効果よりもE_2からE_1への所得効果の方が大きく，需要が増加する。

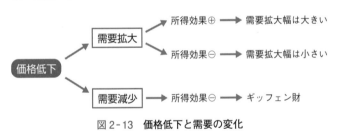

図2-13　価格低下と需要の変化

表2-2　代　替　効　果

意　味	実質的に所得が維持されるときの価格変化の効果
代替財	クロスの代替効果プラス（ミカンとリンゴ）
補完財	クロスの代替効果マイナス（パンとバター）
価格効果	代替効果＋所得効果

価格弾力性

　次に，価格と消費量＝需要量との関係をみよう。ある財の価格が上昇すると，通常はその財の需要量は減少する。**需要の弾力性**は，需要量がその財の価格に対してどの程度反応するかを示す指標である。

　需要が価格に対して大きく反応する弾力的な財は，贅沢品に多くみられる。たとえば，宝石の需要を考えてみよう。宝石は日常の生活でとくに必要なものではない。価格がある程度下がれば買いたいと思う家計は多いだろうが，高い値段ではあえて無理をして買うほどの需要はあまりないだろう。したがって，価格が低下すれば需要は大きく増加し，価格が上昇すれば需要は大きく落ち込む。このように宝石の**価格弾力性**は高い。

　また，趣味などの嗜好品で，しかも他にも似たような代替品が多くあり得るようなもの，たとえば，ゴルフ用品，テニス用品などのスポーツ用品も，価格弾力性は高いだろう。競争的な財が他にたくさんあれば，ある財の価格が少しでも下がれば，その財に対する需要は大きく増加するし，逆に，その財の価格が上昇すれば，他の財へ需要が逃げやすいので，価格弾力性はかなり高い。

　需要がその財の価格にあまり反応しない非弾力的な財の代表は，生活必需品でかつあまり代替の効かないものである。たとえば，塩の需要はそれほど価格に依存していない。料理に塩は必要であるが，一方で塩ばかり消費するメリットはあまりない。価格が変動しても，料理に使われる塩の消費量はほとんど変化しない。とすれば，塩の価格弾力性はかなり小さい。

コラム　*所得弾力性*

所得が拡大したとき，その財の消費がどの程度拡大するかを示す指標が，所得弾力性である。劣等財でない限り，所得弾力性はプラスである。ただし，その大きさは，消費対象によって異なる。

たとえば，所得弾力性の高い財は，贅沢品であろう。生活に余裕ができてはじめて，宝石などの贅沢品の需要は拡大する。逆に，所得弾力性の低い財は，生活必需品である。塩などの必需品は，所得が拡大してもたいして需要が刺激されるわけではない。

景気の良いときには，所得弾力性の高い財サービスの消費が旺盛になるが，景気が悪くなると，所得弾力性の低い生活必需品が売れるようになり，さらに景気が悪化すると，劣等財の消費が刺激される。

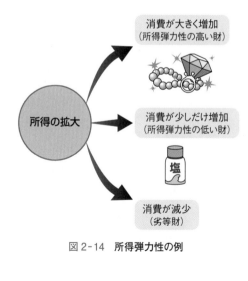

消費が大きく増加
（所得弾力性の高い財）

所得の拡大

消費が少しだけ増加
（所得弾力性の低い財）

塩

消費が減少
（劣等財）

図2-14　**所得弾力性の例**

● 労働供給の決定

　家計は財やサービスを需要するだけではない。労働を供給して労働所得を稼いでいる。本節では，労働者は自らの働く時間を最適に選択できるという想定で，議論を進めていく。フルタイムの労働者であっても，残業などの仕事についてはある程度自ら調整可能であるし，また，働く時間が決まっている場合でも，どのくらい熱心に働くかは自ら選択できるだろう。

　常識的には，賃金率が上昇すれば，労働意欲，労働時間も増加すると思われる。たとえば，時間給1000円で6時間働いていた人が，時間給が2000円に上昇すると，8時間働きたいと思うようになる。消費する財の値段が上昇すれば，需要が減少するのとは逆に，供給する労働の値段（賃金率）が上昇すれば，**労働供給**は刺激される。これは，**価格効果**によるものである。しかし，同時に所得効果も働く。時間給が上昇すれば，今までよりも働く時間を少なくして，その分だけ余暇を楽しむ余裕が出てくる。したがって，賃金率と労働供給との関係は，一般的に確定しない。

　おおざっぱに言うと，賃金率の水準が低い場合には，通常は代替効果のほうが所得効果よりも大きくて，賃金率と労働供給に正の関係があり，**労働供給曲線**は右上がりである。また，賃金率がかなり高くなると，賃金率がさらに上昇しても，それ以上稼ぐよりは余暇の消費のほうを選好する傾向が生じて（所得効果のほうが代替効果よりも大きくなって），賃金率と労働供給は負の関係になり，労働供給曲線は右下がりになる（図2-15）。

　フルタイムの労働者とパートタイムの労働者では，労働供給は異なる。女性については，実質賃金と労働供給とはプラスの相関が有意に検出されている。女性の労働供給において，代替効果のほうが

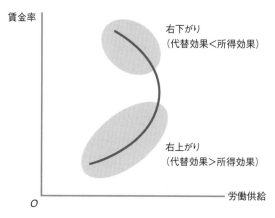

図2-15　労働供給曲線

賃金が低いときには，代替効果のほうが所得効果よりも大きく，労働供給曲線は右上がりであり，賃金が高くなると，所得効果が代替効果を上回り，労働供給曲線は右下がりになる。

コラム　労働供給の弾力性

労働供給の弾力性の値は，賃金が1％変化したときに労働供給量が何％変化するかを示す。一般的には，女性の方が男性よりもこの弾力性は高い。労働供給については，そもそも就業するかどうかの選択と，就業している場合に，何時間働くかの選択の2つがある。賃金が限界的に変化したときに人々の労働市場への参入・退出行動がどの程度変化するかを表す「就業の選択」と，労働者1人当たりの労働時間がどの程度変化するかを表す「労働時間の選択」の2つである。女性の方が弾力性が高いのは，この2つの選択を合わせた場合であり，「労働時間の選択」のみの弾力性の値は男性・女性ともに極めて低い。労働供給が賃金に反応する多くのケースは「就業の選択」に関わる。

所得効果よりも大きい。また，男性については労働時間と実質賃金率とのプラスの相関は，それほど明確ではない。

● 本章のまとめ

　家計は消費財・サービスの需要主体，生産要素（労働，資本，土地）の供給主体である。消費は所得とともに増加する。所得の増加ほどに消費は増加しないで，その差額が貯蓄のほうに回される。

　家計の効用最大化行動は，ある予算制約の範囲内で複数の財の消費配分を最適に決めるものである。効用の増加幅（＝限界効用）はプラスであるが，消費量が大きいほど限界効用は逓減する（限界効用逓減の法則）。所得効果がプラスの財は正常財であり，所得効果がマイナスの財は劣等財である。

　価格変化は代替効果と所得効果に分けられる。代替効果は，実質的な所得が変化しないように調整されたときの価格変化の動きであり，その財の価格が低下すれば，その財の需要量は増加する。需要の弾力性は，需要量がその財の価格に対してどの程度反応するかを示す指標である。

　賃金率の水準が低いとき，代替効果のほうが所得効果よりも大きく，労働供給曲線は右上がりとなる。

第 3 章
企業の行動

● 企業と生産活動

企　業

　企業は生産というもっとも根幹となる経済活動を行い，その形態はさまざまである（図3-1）。歴史的にみると，資本主義の初期の企業は小規模であり，資本の所有者が企業の経営者であった。企業規模の急速な拡大で膨大な資本が必要になると，企業は**株式会社**として，広く資本を提供する株主を募った。株式会社では，株主は資本金を提供するだけであり，会社が倒産しても，債権者に対して各人の出資分以上の法的責任を負わない。これを**株主の有限責任**という。

　生産活動の中心的な経済主体である企業の最大の目的は，長期的な利潤の追求である。現実には利潤の追求のみならず，社会的な責任を果たし，雇用の確保や福利厚生など従業員の経済的な満足度を満たし，かつ，配当を行って株主の利益も確保する必要がある。これらの一見両立しそうにないさまざまな目標も，結局は長期的な利潤の追求という概念でまとめることができよう。利潤を獲得できるから，従業員の経済的な要求にも対応できるし，社会的な貢献も可能になり，もちろん，株主の配当にも応えていくことができる。

　ところで，株式会社が巨大化し，企業の資本が多くの株主によって提供されると，企業の経営は，経営者という経営の専門家に委ねられるようになった。これが，**所有と経営の分離**と呼ばれる現象である。最近では金融機関や関連企業などの法人株主が大株主になる傾向が強まり，個人株主の持ち株比率は低下している。

　所有と経営が分離すると，企業行動にとって利潤の追求ではなく，他の目的が重要になるという考え方もある。たとえば，ある程度の利潤を確保するという制約を満たした上で，企業の規模を最大化するほうが経営者の能力として評価されるという考え方である。

メーカー
工場で製品を製造

商社
取引の仲介

IT企業
ネット上での情報の仲介

金融機関
資金の仲介

図 3-1　企業の形態
企業の形態をみると，メーカーなど工場で製品を作り出す企業もあれば，流通に携わる商社，ネット上で情報を仲介するIT企業や資金の仲介をする金融機関もある。本章で想定する企業とは，主としてメーカーなど財（もの）を生産する小さな企業である。

コラム　コーポレート・ガバナンス

　コーポレート・ガバナンスとは，企業統治あるいは企業の意思決定の仕組みのことである。戦後の日本企業では法人の株式持ち合いと「所有と経営の分離」によって経営者は独立した存在となり，経営の責任の所在が曖昧であった。しかし，バブル崩壊後に企業の経営姿勢が疑問視されるとともに，コーポレート・ガバナンスに対する認識が高まった。商法（会社法）の改正で，企業経営の「監視」と「執行」を分離し，株主である機関投資家の権限を強化し，企業経営を監視するアメリカ型の企業統治方式を重視するようになった。そこでは株主の代理人である取締役が構成する取締役会が，経営方針について意思決定するとともに，経営者の企業活動を監視する。

　長期的なシェアの拡大も，長期的な利潤追求の一つの手段である
と解釈できる。以下では，単純にして明快な目的である利潤の追求
という基準で，企業の行動原理を説明していきたい。

● 費用と利潤

利潤最大化と費用最小化

　企業の利潤は，収入から費用を差し引いたもので定義される。企
業が利潤を最大化するには，費用を最小化しなければならない。ど
こまで生産するかは利潤最大化行動の結果として決まるが，どの水
準の生産量であっても，それを生産するのにかかる費用をできるだ
け小さくすることは，企業の利益に合致する。利潤の最大化条件は
費用の最小化条件でもある。ある所与の生産量のもとで費用を最小
化する企業の最適化行動を分析しよう。

費 用 曲 線

　企業が費用を最小化していると，生産量と最小化された費用との
間に，ある一定の関係がある。通常は，生産量が増加すると，それ
を生産するために要する（最小化された）総費用も増加する。この
関係を図示したのが，（総）費用曲線である（図3-2）。

　総費用曲線は右上がりであり，しかも，その傾きは次第に大きく
なる。つまり，生産量が小さいうちは，追加的な生産に必要な費用
はそれほど大きくはないが，生産量が拡大するにつれて，追加的な
生産に要する費用も大きくなる。ここで，総費用とは別に限界費用
という概念を導入しよう。

　限界費用とは，生産物（たとえばリンゴ）を1単位追加的に生産
する際に要する追加的な費用のことである。限界費用は，総費用曲
線の傾きである。限界費用曲線は右上がりとなる（図3-3）。これ

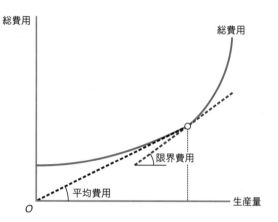

【数値例】

y：生産量	1	2	3	4	5	6	7
c：総費用	10	11	13	16	20	25	31
MC：限界費用		1	2	3	4	5	6
AC：平均費用	10	5.5	4.3	4	4	4.2	4.4

図 3-2　総費用，平均費用，限界費用および数値例

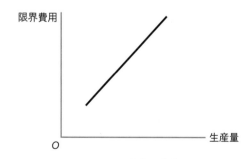

図 3-3　限界費用曲線

限界生産が逓減する生産関数を前提とすると，限界費用曲線は右上がりとなる。

は，限界生産が逓減するためである。すなわち，生産を拡大するには，今までよりも生産要素の投入量を増加させることになるが，労働者の生産性（＝**限界生産**）は働く時間が増大するにつれて，減少していく。これを**限界生産逓減の法則**という（図3-4）。したがって，たくさん生産しているときに，さらにもう1単位生産量を拡大するには，労働時間をより多く投入させなければならない。時間あたりでの賃金支払いが一定であるから，仕事の時間が増える分だけ，企業にとって費用がより増大する。

平均費用と限界費用

　平均費用は総費用を生産量で割ったものであり，単位費用を示す。平均費用は必ずしも増加するとは限らない。なぜなら，生産量とは独立に生産に要する費用＝固定費用が存在するからである。

　生産を開始するには，工場などの資本設備も必要だろうし，土地などの用地も必要だろう。それらは短期的には変化できない固定的な生産要素であり，それを生産に投入する費用は**固定費用**である。生産量に応じて変化する費用は，**可変費用**と呼ばれる。したがって，総費用は固定費用と可変費用の合計になる。

総費用＝固定費用＋可変費用

　また，平均費用は

$$\text{平均費用} = \frac{\text{総費用}}{\text{生産量}} = \frac{\text{固定費用}}{\text{生産量}} + \frac{\text{可変費用}}{\text{生産量}}$$

となる。

　平均費用のうち最初の項目である固定費用相当分$\left(\dfrac{\text{固定費用}}{\text{生産量}}\right)$は，生産量が大きくなれば，減少する。なぜなら，1単位あたりでシェ

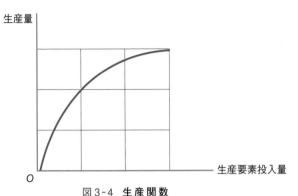

図 3-4　生産関数

生産関数は右上がりであるが，その傾き（＝限界生産）は次第に小さくなっていく。

コラム　サンクコスト

　費用の中でも固定費用は，いったん支出してしまえば，後で回収することが困難である。たとえば，工場を建設して生産を開始した後で，企業が撤退するとしよう。生産をやめることで原材料費や雇用の費用（賃金支払い）を節約することはできるが，工場の建設費用を回収するのは難しい。工場を解体して廃材を売却しても，ほとんど建設費用は回収できない。このような回収不能な費用をサンクコストと呼んでいる。企業が生産を継続するかどうか判断する際に，継続することでかかる費用と収益を比較するが，その際にサンクコストは含まれない。

　同様に，公共事業でも，すでに投下した費用の多くはサンクコストになっているから，継続中の公共事業を続けるかどうかの判断は，今後の費用とこれから期待できる便益との比較になる。過去に巨額の資金を投下したかどうかは，公共事業を続けるかどうかの判断に含めるべきではない。

アする固定費用は，分子（＝固定費用）一定のもとで分母（＝生産量）が大きくなれば，減少するからである。これに対して，上式の第2の項目である可変費用相当分は，生産量とともに可変費用も増加するから，通常は上昇するだろう。したがって，両方の効果の相対的な大きさで，平均費用が生産量とともに増加するか減少するかが決まる。

　限界費用よりも平均費用のほうが大きければ，生産の拡大で平均費用は減少し，逆に，限界費用のほうが平均費用よりも大きければ，生産の拡大で平均費用は増加する（図3-5）。これは，限界費用は生産を拡大したときの費用の増加分であり，これが平均費用よりも小さければ，今までよりも1単位あたり安い費用で，生産量が1単位分だけ増加するので，それを計算に入れて平均費用を求めてみると，平均費用が低下するためである。

● 完全競争市場の企業の行動

完全競争市場で考える

　価格は市場で決まるが，企業は，家計と同様に，それをコントロールする力はないもの（**プライス・テーカー**）として行動する。これは，**完全競争市場**の特徴である。完全競争市場では売り手も買い手も多数存在し，個々の経済主体は市場価格を目安に行動する。現実の企業を考えると，とくに大企業の生産している財・サービスでは，企業自体がある程度の価格支配力をもっている。完全競争市場での市場価格に関する仮定が現実に成立しないのは，多くの市場が独占や寡占などの**不完全競争市場**になっているためである。そうした市場での企業の生産，供給・価格設定行動は，後の節で分析する。

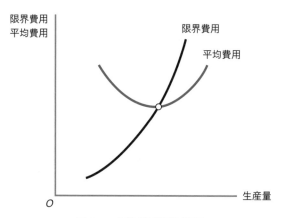

図 3-5 平均費用と限界費用

平均費用曲線は，限界費用曲線の上方では右下がりであり，下方では右上がりとなる。

表 3-1 費用のまとめ

総 費 用	費用の総額＝固定費用＋可変費用
限界費用	生産量を追加的に 1 単位拡大するときに要する費用 $\left(\dfrac{\text{費用の増加}}{\text{生産量の増加}}\right)$
平均費用	生産量 1 単位当たりの費用 $\left(\dfrac{\text{総費用}}{\text{生産量}}\right)$
可変費用	総費用のうち，生産量に応じて変化する費用
固定費用	総費用のうち，生産量とは独立に要する費用

利潤の最大化

完全競争市場における企業の利潤最大化行動を考察しよう（図3-6）。利潤は売上から生産費を差し引いた残りである。今，ある財の生産量をy，その市場価格をpとすると，売上額（＝販売収入）はpyとなる。生産水準yに比例して売上額pyは増加する。利潤が最大となる生産水準を求める。

利潤最大化の意味

この条件の直観的な意味を考えてみよう。価格pはyを1単位拡大したときの限界的な収入の増加（＝限界収入）を意味する。これに対して，総費用曲線の傾き$c'(y)$はyを1単位拡大するときにどれだけ費用が増加するか（＝限界費用MC）を示す。c'はyとともに次第に大きくなる。限界収入が限界費用よりも大きければ，すなわち，$p > c'(y) = MC$であれば，もう1単位追加的に生産を拡大することで，利潤をさらに増大させることができる。

逆に，限界収入よりも限界費用が大きければ，追加的に生産を拡大することで，利潤は減少する。限界収入と限界費用が一致している点では，これ以上生産を拡大することも縮小することも，企業の利益にならない。したがって，そうした点が**企業の最適点**（＝**利潤最大点**）となる（図3-7）。

なお，固定費用も含めた総利潤がゼロになる点が採算上の損得を判断する**損益分岐点**であり，固定費用を含まない可変費用のみで利潤がゼロになる点が，企業が生産を継続するか停止するかを決める際の分岐点＝**操業停止点**である。

市場価格が高くなれば，企業はより生産量を増やすことで利潤を増加させることができる。よって，企業の供給関数は販売する財価格の増加関数として導出される。

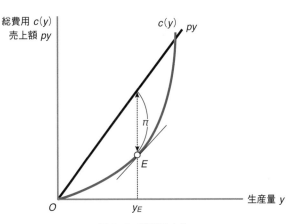

図 3-6　利潤最大化

図には，売上額 py と総費用関数 $c(y)$ をそれぞれ示している。売上額は傾き p の直線であり，費用 c は y の逓増的な増加関数である。限界費用は逓増するので，総費用曲線の傾きは次第に大きくなっていく。この 2 つの線の垂直距離の差が利潤 π に相当する。企業は π がもっとも大きくなる $y=y_E$ を選択する。利潤 π は y とともに変化し，y が小さいときには増加するが，y が大きくなると減少に転じる。利潤が最大となる点 E では，売上額線の傾き＝価格 p と総費用曲線の傾き＝限界費用 $c'(y)$ が等しい。これが企業の利潤最大条件である。

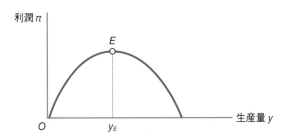

図 3-7　利潤曲線

利潤 π は図 3-6 中の 2 つの線の垂直方向の距離である。π は生産量 y とともに変化し，y が小さいときは増加するが，y が大きくなると減少に転じる。E 点で利潤が最大になる。それに対応する生産量 y_E が企業の最適点である。

● 独占企業

独占企業の行動

　市場である財を供給している企業が一つしかない状態が（売り手）**独占**である。なぜその市場に一つの企業しか存在していないのかには，いくつかの理由が考えられる。政策的，人為的な規制があって，他の産業から企業が参入できないこともある。また，特許や希少な経営資源を独占的に使用していて，他の企業では代替品が供給できないことも考えられる。あるいは，規模の経済が働いて，規模が大きくなるほど生産上の効率が高くなり，結果として一つの企業しかその財を供給できない場合（＝自然独占）も考えられる（第5章　p.92参照）。

　独占市場は完全競争市場とは正反対の市場状態であり，独占企業は自らの利潤を最大にするように価格と生産量を決定する。以下，完全競争と対比させて，独占企業の利潤最大化行動を考えてみよう。

独占企業の特徴

　独占企業の利潤 π は完全競争企業と同様に，販売収入と費用との差額で定義される。独占企業は，プライス・テーカー（価格与件者）ではなく，また，競争相手も存在しないので，販売価格 p を自由に操作することができる。すなわち，生産水準 y を抑制すれば，p を上昇させることが可能になり，逆に大量の生産物を市場で販売しようとすれば，p を引き下げなければならない。独占企業は価格支配力をもっている**プライス・メーカー**（価格設定者）である。

　y をすべて販売するにはどの程度の水準で p を設定すればよいのかを，**逆需要曲線**として定式化しよう。逆需要関数は，家計の需要曲線でもある。需要量からその需要量がちょうど販売され尽くすだけの価格が決定されるという逆の関係がある。独占企業は逆需要曲

コラム　独占企業の最適問題①

　独占企業の最適問題を，以下の図3-8を用いて直観的に議論してみよう。曲線OAは販売収入（売上額）pyを，曲線OBは費用$c(y)$を表している。独占企業の場合には，yが拡大するにつれてpが低下するから，pyは増加するが，その傾きは次第に小さくなる。したがって，y拡大にともなう追加的な収入の増加分（＝限界収入）は，pが低下するにつれて，次第に減少していく。

　利潤が最大になる点Mは，収入曲線OAと費用曲線OBとの差額が最大になる点である。独占企業の利潤最大点は，両方の曲線の傾きが一致している点である。すなわち，利潤が最大となる点Mでは，収入曲線OAの傾きである限界収入＝費用曲線OBの傾きである限界費用という条件が成立している。

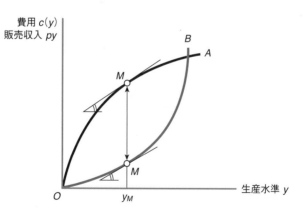

図3-8　**独占企業の利潤最大**
曲線OAは販売収入曲線であり，曲線OBは費用曲線$c(y)$である。2つの曲線の差額である利潤は，2つの曲線の傾きが一致する点Mで最大となる。

線に示される家計の需要行動を理解しており，価格を引き下げれば
どれだけの需要が生まれるのか，あるいは，価格を引き上げるには
どれだけ生産を抑制すればよいのか考慮した上で，価格づけと生産
水準の決定を行う。

独占度

　ここで，**独占度**（マージン率）という概念を説明しよう。独占度
とは，費用と比較して価格がどれだけ上乗せされているかを示し，
独占利潤の大きさを示す指標である。独占度は，その市場での企業
の独占がどの程度強力であるかを示す指標でもある。

　たとえば，その財の需要が価格の上昇に対してそれほど減少せず，
価格弾力性が小さいときには，消費者にとって他の代替的な財が容
易に見つからない。価格が高くても独占企業の供給する財をある程
度買わざるを得ない場合，独占企業は独占度を高くすることができ
る。逆に，消費者にとって代替可能な財が他の市場で存在する場合
には，独占企業が少し高い価格をつけると，需要は他の市場へ大き
く流れるだろう。需要の価格弾力性が大きく，独占企業は独占度を
低めに設定せざるを得ない。

　独占度が小さいほど，独占企業の設定する価格は限界費用とあま
り乖離しなくなる。独占度がゼロであれば，価格は限界費用と一致
するから，完全競争と同じ状態が実現する。逆に，価格弾力性が小
さいほど，あるいは独占度が大きいほど，限界費用と独占企業の価
格との乖離も大きくなる。

独占の弊害

　独占企業は自らしか供給主体が存在しないので，市場での需要の
制約をうまく利用することで，そうでない場合よりも多くの利潤を
獲得できる。独占度が正であることは，限界費用以上の価格をつけ

コラム　独占企業の最適問題②

　図3-9は，縦軸に価格，限界収入と限界費用をとり，横軸に生産量をとったものである。限界収入曲線MRは右下がりであり，限界費用曲線MCは右上がりである。

　図に示すように，限界費用曲線MCと限界収入曲線MRとの交点Mに対応する産出量が独占企業の最適な生産量y_Mであり，それを市場でちょうど販売しつくす（需要曲線Dに対応する）価格水準p_Mが独占企業の設定する最適価格である。

　なお，限界収入曲線の傾き（の絶対値）は需要曲線の傾き（の絶対値）よりも大きい。

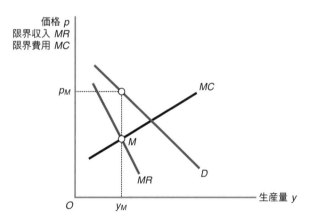

図3-9　独占企業の主体的均衡

限界収入MRと限界費用MCとが一致する点が，独占企業の主体的均衡点Mであり，最適な生産量はy_M，価格はp_Mとなる。

て，生産物を販売していることを意味する。そこで得ている超過利潤（＝価格－限界費用の乖離分×販売数量）が**独占利潤**である。

　独占企業は販売量を抑制することで独占利潤を獲得するが，家計からみれば，割高な価格で少ない量を購入していることになる。独占の弊害は，生産量を抑制することで，本来望ましい生産量まで生産されずに，資源が過小に配分され，独占企業が超過の利潤を得ていることにある。その分だけ，家計の効用は減少する。

● 企業の誕生と倒産

　企業はどのような要因で，その産業から退出したりその産業に参入したりするのか，考えてみよう。正常な利潤（これは通常はゼロ）を上回る超過利潤があれば，他の産業から企業が参入する。逆に，正常利潤を確保できなければその産業を退出し，正常利潤が確保できるような他の産業に企業は移っていく。

　企業は家計と異なり無限の期間存在すると考えられている。しかし，現実には企業にも終わりがある。それが倒産である。現実の世界では需要も変化し，生産技術も進歩している。新しい経済の流れにうまく適用できない企業は，生産物が思うように販売できず負債を抱え，やがて経営に行き詰まるだろう。最終的には負債超過に陥り，借金の返済のためにすべての資産を処分して，倒産する。

　他方で，新しい企業が新しい市場での利潤を求めて，次々と誕生している。多くの企業は誕生してからまもなく事業に失敗して，姿を消していく。大企業まで成長していく企業はほんのひと握りである。しかし，そうした成功の夢を求めて多くの企業が挑戦することで，市場が活性化し，国民経済全体が活発になっていく。失敗は成功の母である。

コラム　価格差別化

　企業は，複数の消費者間で異なる価格を設定することで利潤をより大きくすることができる（価格差別化）。たとえば，レストランでの子ども専用メニューや遊園地・映画館などの子ども料金，女性料金の設定などがその一例である。これは，大人と子ども，あるいは男性と女性とでその財に対する価格弾力性が異なる場合に生じる。

　大人よりも子ども，男性よりも女性のほうが，その財に対する価格弾力性が大きいケースを想定しよう。こうした財の場合，価格を下げれば，子どもや女性は需要が大きく伸びるのに対して，大人や男性はあまり価格に反応しない。このような状況では，子どもや女性の価格を大人や男性の価格よりも割安に設定することで，その企業の独占利潤を大きくすることが可能となる。

　こうした価格差別は，差別された消費者間で財の転売ができないことが前提となる。たとえば，子ども用のメニューを子どもが注文しても，それをもっぱら大人が消費する場合は，価格差別化はうまく機能しない。したがって，価格差別の対象になるものは，保存のきかないその場で消費するしかないもの（外食など）か，対人サービス（エステなど）に限定される。

女性限定ケーキセット

お子様ランチ

図 3-10　価格差別化の例（レストランのメニュー）

● 本章のまとめ

　企業は生産活動を行う。企業の最大の目的は利潤の最大化である。利潤は，収入から費用を差し引いたもので定義される。企業が利潤を最大化するには，費用を最小化しなければならない。

　総費用曲線は右上がりで，その傾きは次第に大きくなっていく。限界費用は，生産物を一単位追加的に生産する際に要する追加的な費用である。平均費用は総費用を生産量で割ったものであり，必ずしも増加するとは限らない。生産量とは独立に生産に要する固定費用も存在する。

　限界収入と限界費用が一致している点が企業の最適点となる。固定費用も含めた総利潤がゼロになる点が損益分岐点であり，固定費用を含まない可変費用のみで利潤がゼロになる点が操業停止点である。

　独占市場は完全競争市場とは正反対の市場状態であり，独占企業は自らの利潤を最大にするように価格と生産量を決定する。独占企業の利潤最大点は，限界収入＝限界費用という条件である。独占の弊害は，生産量を抑制することで，本来望ましい生産量まで生産されずに，資源が過小に配分され，独占企業が超過の利潤を得ることにある。

第 **4** 章
市場の
メカニズム

● 完 全 競 争

プライス・テーカー

　消費行動の説明や企業行動の説明の際も触れたように，個々の家計と企業は一定の市場価格のもとで，いくらでも好きなだけ需要（購入）あるいは供給（販売）することができる。その結果，市場で決まる価格を自らはコントロールできない（自らの需要量，供給量が変化しても市場価格には何の影響も与えない）ものとして，それぞれ最適な計画を立てている。各家計にとって自らが実感する供給曲線が市場価格で水平線であり，各企業にとっても自らが実感する需要曲線が市場価格で水平線である。市場価格を一定と受け取るこうした経済主体を**プライス・テーカー**（価格与件者）と呼んでいる（図4-1）。完全競争市場では，すべての経済主体がプライス・テーカーとして行動する。

需要と供給

　完全競争市場における均衡価格，取引量の決定と市場メカニズムのもっている資源配分機能について考察しよう。

　まず，ある財が完全競争市場で取引されるとき，供給，需要水準と市場価格水準の決定を説明しよう。図4-2は縦軸にこの財の価格 p，横軸にこの財の供給量および需要量 y を表している。需要曲線 y_D は右下がりであり，供給曲線 y_S は右上がりである。2つの曲線の交点 E が**市場均衡点**である。

　消費者は点 E で成立する市場価格 p_E のもとで，望ましい需要量 y_E を購入しており，また，企業も p_E のもとで，望ましい供給量 y_E を生産している。点 E では供給＝需要であるから，市場均衡ですべての人々が満足している。このような状況を**主体的均衡**という。需要曲線，供給曲線の背後には各経済主体の最適化行動がある。各経済

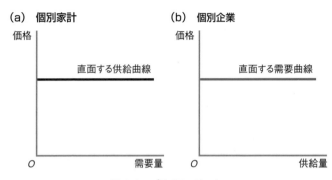

図 4-1 プライス・テーカー

個別家計の直面する供給曲線は水平であり，個別企業の直面する需要曲線も水平である。

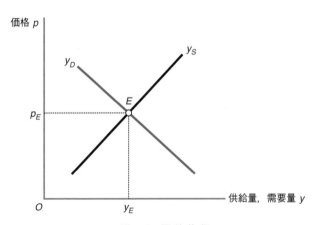

図 4-2 需 給 均 衡

市場均衡点 E では，需要と供給が等しい。この点は，需要曲線 y_D と供給曲線 y_S の交点で与えられる。

主体は，均衡価格p_Eのもとでいくらでも需要できる，あるいはいくらでも供給できるという前提で，自らの最適な需要量，供給量を決定する。そして，それが実際に市場での交換を通じて実現する。このような状況を**需給均衡**という。**表4-1**は完全競争市場の特徴をまとめている。

競り人

均衡価格p_Eあるいは均衡生産＝需要水準y_Eはどのようにして実現するだろうか。完全競争市場では，家計も企業も市場価格を所与と見なして行動するため，家計あるいは企業に価格を調整する能力はない。価格は，需要と供給が一致するように市場で調整される。

仮に，市場で価格の調整を行う**競り人**（オークショナー）がいると想定してみよう（**図4-3**）。競り人は，ある価格を市場価格として家計や企業に提示する。家計や企業は，その価格を所与としてそれぞれにとって最適な需要量，供給量を決定し，その値を競り人に報告する。競り人はすべての家計の需要量を合計して総需要量を算出する一方で，すべての企業の供給量を合計して総供給量を算出する。総需要量と総供給量が一致すれば，そこでの価格が均衡価格であり，それにもとづいて家計と企業間で財の取引が行われる。

また，総需要量と総供給量とが一致しなければ，競り人が提示価格を変化させて，総需要量，総供給量が一致するまで競りを続行する。たとえば，総需要量が総供給量よりも多い超過需要の場合は価格を引き上げ，また，総需要量が総供給量よりも少ない超過供給の場合は価格を引き下げると，最終的に需給が一致して均衡価格が実現される。

需要曲線が右下がりで，供給曲線が右上がりである標準的なケースでは，ある価格で需要が供給よりも大きい超過需要の場合，競り

表 4-1　完全競争市場の特徴

家　計	一定と見なしている価格のもとで主体的均衡にある
企　業	一定と見なしている価格のもとで主体的均衡にある
価　格	需給を一致させる水準に決定される

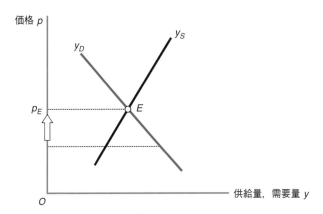

図 4-3　競り人による価格調整（安定性）

実際に，競り人が価格を調整している市場は，魚や野菜の卸売市場など一部に限定されるだろう。多くの市場では特定の競り人が存在せず，試行錯誤の結果均衡価格が決まってくる。それでも，こうした競り人を想定することで，完全競争市場の価格調整メカニズムをモデル化することが可能となる。

人が価格を引き上げると，需要は減少し，供給は増加するから，必ずそのギャップである超過需要は減少する。したがって，競り人が少しずつ価格を引き上げ続ければ，やがて，超過需要がゼロとなり，需要と供給が一致する均衡価格を見つけることができる。

　逆に，当初の価格で，需要よりも供給が大きな超過供給の場合は，競り人が価格を徐々に引き下げることで，やがては均衡価格を実現することができる。

● 完全競争市場のメリット

市場取引の利益

　市場で家計が財を購入し，企業が財を販売することは，個々の経済主体にとって自らの主体的な意思決定の結果である。他の第三者に強制されたものではない。家計は自らの満足度＝効用水準が高くなるから，市場価格でその財を自分が望む量まで購入する。また，企業も自らの利潤が大きくなるから，市場価格でその財を自分が望む量まで販売する。家計と企業が市場で取引することで，互いに利益を上げている。

生産者余剰の大きさ

　企業の利益は利潤である。これは金銭単位で表示されるから，この大きさを図で表すことも容易にできる。利潤の大きさは，「販売収入－生産費用」である。これは，価格と供給曲線との間の面積で表される。供給関数は，1単位あたりの追加的な生産費用を示す限界費用曲線と解釈することもできるからである。

　図4-4(a)で$p_E EB$の大きさが企業の利潤の大きさであり，企業がこの財を市場で販売することによる利益（＝生産者余剰）を示している。

(a) 生産者余剰

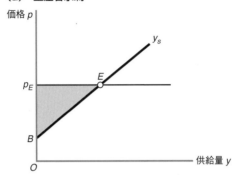

(b) 消費者余剰

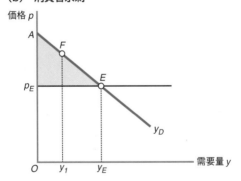

図 4-4 余剰とは何か

たとえば，ケーキの価格が1個700円なら1個，500円なら2個，300円なら3個消費したいと考えている家計は，1個目のケーキの限界評価を700円，2個目のケーキの限界評価を500円，3個目のケーキの限界評価を300円とみている。この例であれば，1個300円で3個購入する際の消費者余剰は，700＋500＋300－(300＋300＋300)＝600円となる。

消費者余剰の大きさ

　家計にとって財を購入する利益は，効用の増加である。効用を金銭評価することは一般的にはやっかいであるが，おおざっぱにこれを金銭表示すると，図でどの面積で表されるだろうか。限界メリットは，家計にとってその財を消費する限界的な評価を示している。すなわち，**図4-4**(b)でその財をy_1まで購入しているとき，追加的にもう1単位購入を増加したときの限界的な評価の大きさが，y_1での需要曲線の高さ＝y_1Fの大きさである。これは，家計のその財に対する限界的な支払い能力である。

　したがって，この財を点Eまで消費することから得られる家計の評価の総額は，AEy_EOの大きさで表すことができる。これに対して，y_Eまでの購入に必要な所得は，Ey_EOp_Eであるから，これとの差額$AEp_E = AEy_EO - Ey_EOp_E$は，家計が$y_E$までこの財を購入することで得られるネット（正味）の利益を示している。これが効用の増加分を金銭表示した大きさであり，**消費者余剰**と呼んでいる。

社会的厚生の大きさ

　消費者余剰は需要曲線と均衡価格を通る水平線との間の面積であり，生産者余剰は供給曲線と均衡価格を通る水平線との間の面積である。**表4-2**に示すように，消費者余剰と生産者余剰の合計が**社会的余剰**であり，**図4-5**では面積AEBの大きさで示される。これは需要曲線と供給曲線との間の面積に相当する。この大きさが，市場均衡で実現する市場取引の結果，社会全体に発生する総余剰＝**社会的厚生**である。

　なお，完全競争市場で取引が行われると，この社会的厚生がもっとも大きくなる。独占市場では，企業の利潤は独占的な行動によって完全競争市場よりも大きくなるが，家計の消費者余剰のほうが小さ

表 4-2　**市場取引の利益**

消費者余剰	財を購入することで得られる消費者の効用の増加の金銭表示 需要曲線と価格線との間の面積
生産者余剰	財を販売することで得られる企業の利潤 供給曲線と価格線との間の面積
社会的余剰	消費者余剰＋生産者余剰

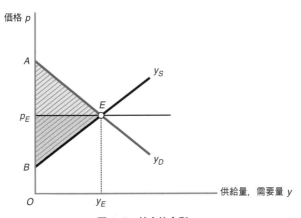

図 4-5　**社会的余剰**
生産者余剰と消費者余剰の合計が社会的余剰であり，図中の斜線部分の面積
AEB で表される。

くなり，結果として，社会的な余剰は完全競争市場よりも小さくなる。

　社会的余剰が最大になることは，資源が有効に活用されていることを意味する。完全競争市場で資源が効率的に配分されることは，**厚生経済学の基本定理**と呼ばれている。

見えざる手

　完全競争市場では，社会的に必要とされる財・サービスの生産が十分に行われるように価格調整が図られる。その財の社会的な必要度が価格という客観的尺度で表明されるために，その価格をシグナルとして企業や家計が経済行動を行うことで，結果として，社会的に最適な資源配分が実現する。個人レベルでの意思決定では，自らの効用や自らの利潤の最大化のみを考慮して，私的な利益を追求していても，それが価格というシグナルの調整を通じて，資源の効率的な配分をもたらす。

　これが，アダム・スミスの「見えざる手」の言葉で有名となった**価格の資源配分機能**である。価格による調整が行われることで，社会的に必要性の高い財に多くの資源が投入され，社会的に必要性の低い財にあまり資源が投入されないという，資源配分からみて望ましい状態が実現する。

社会的な必要性

　完全競争市場で実現する資源配分は，社会的な必要性にも合致している。たとえば，家計が（同じ価格でも）今までよりもある財をより多く需要したいと考えるようになった結果，ある財の需要曲線が右上方にシフトしたと想定しよう。社会的にその財・サービスに対する評価が大きくなる。

　市場価格が上昇して，既存企業の生産拡大をもたらすとともに，他の産業から新しい企業が参入する。市場価格が高いことは企業に

（a）　社会的評価の拡大

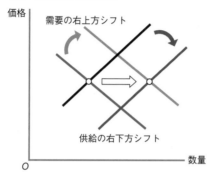

（b）　社会的評価の縮小

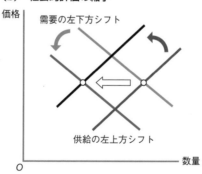

図4-6　社会的評価と資源配分

とってみれば，採算上有利な条件である。その結果，その財の供給全体が刺激され，市場での供給曲線も右下方にシフトする（図4-6(a)）。このようにして，社会的な必要性の高い財・サービスの生産に多くの資源が投入される。

　逆に，需要曲線が左下方にシフトして（図4-6(b)），その財の社会的な必要性が小さくなっていくと，市場価格は低下する。企業にとってその財を生産することがあまり有利ではなくなるから，その財の生産を縮小し，やがては止める企業がでてくる。企業は価格のより高い財の生産へと資源の転換を図ることになる。

　また，供給曲線のシフトも，同様に，社会的必要性の変化を反映している。供給曲線が左上方にシフトする場合，その財を生産することがコスト的に割高になる。そうした高い生産コストを払ってまで，その財を生産するのが社会的に望ましいのは，そうした財に対する需要サイドでの評価が高い場合に限定される。価格の変化が需要の変化にあまり影響を与えず，需要曲線が非弾力的であれば，どんなにコストがかかっても，その財を生産することが望ましい。しかし，価格の変化以上に需要の変化が大きく，需要曲線が弾力的であれば，価格の上昇によって他の代替的な財へ需要が逃げていく。そのようなケースでは，高いコストをかけてまで，その財を生産しても社会的にはあまり意味がない。

● 寡　占

寡占と複占

　表4-3にまとめているように，ある産業で財・サービスを供給する企業の数が少数に限定されており，したがって，それぞれの企業が価格支配力をある程度もっており，他の企業の行動によって影響

コラム　市場取引してはいけないもの

　何でも市場で取引できるとは限らない。政府が取引を規制するものもある。たとえば，麻薬である。タバコは市場で売買されているが，麻薬は所持も取引も法律で禁止されている。これは，麻薬の害が深刻であり，常習性も高いため，全面的に法律で規制することが社会の利益になると考えられているからである。タバコは，健康に害があるが，それは軽微であり，また，ストレスの解消という便益を感じる人もいるため，全面的に禁止するよりは，年齢や場所で規制をするとともに，吸い過ぎに注意するという指導にとどめている。

　わが国では銃規制があるが，アメリカでは銃の保持は権利として認められている。これは，文化的な相違も大きいが，銃規制を強化すると，非合法で銃の取引が行われたり，犯罪の抑止力が低下するという弊害を重視しているからでもある。

麻　薬　　　　　　　　　　銃

図 4-7　市場取引してはいけないものの例

表 4-3　完全競争と寡占

	完全競争	寡　占
企業の数	無数	少数：2 つ以上（2 つ＝複占）
価格支配力	なし	あり
余　剰	消費者，企業ともに最大	消費者の余剰を犠牲にして，寡占企業の利潤が増加

される状態を，**寡占**という（図4-8参照）。寡占の中でもとくに企業の数が2つに限定されている場合が，**複占**である。寡占企業はプライス・テーカーではなくて，価格を自ら決定する。この点では独占企業と同じであるが，他の企業の価格設定に無関心ではいられない点が独占企業と異なる。寡占市場では，企業間でさまざまな価格競争が生じる。

同質財と差別財

寡占市場で取引される財は，**同質財**と**差別財**の2つのケースがある。同質財の場合は，複数の企業の生産する財が需要者にとって同じ財であり，どの企業が生産したかは無差別となる。これに対して，差別財の場合は，個々の企業の生産する財がたとえ機能的にはほとんど同じものであっても，需要者にとって無差別ではなく，どの企業が生産したかという情報もある程度意味をもってくる。寡占市場では，通常，資本財や中間財など企業に対して販売される財には同質財のケースが多く，逆に，消費者に対して販売される財には差別財が多い。

同質財の場合は価格だけが市場取引の条件になるから，競争相手の企業がどのような価格を設定するかが，直接自分の企業の価格設定に影響する。他の企業よりも相対的に高い価格を設定すると，その財を市場で販売することは事実上できなくなる。したがって，価格競争は厳しくなる。

これに対して，差別財の場合は価格以外の要因も市場取引で考慮されるため，他の企業の価格設定が影響するとしても，ある程度自由に自分の企業の価格を設定できる。すなわち，競争相手の企業の価格よりも多少高い価格を設定しても，それでその企業がまったく販売できないことにはならない。価格競争はある程度までしか行わ

(a)　自 動 車

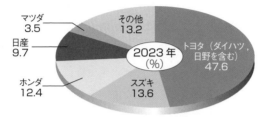

（出所）日本自動車販売協会連合会「2023 年 12 月新車登録台数（メーカー別統計）」，全国軽自動車協会連合会「2023 年 12 月 軽四輪車 新車販売確報」

(b)　宅配便

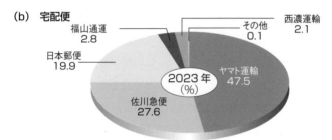

（出所）国土交通省「令和 4 年度 宅配便（トラック）取扱個数」

(c)　スマートフォン

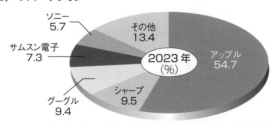

SIM フリーを含む市場全体。（出所）MM総研「2023 年（暦年）国内携帯電話端末の出荷台数調査」

図 4-8　寡占の実例

れない。

カルテル

寡占企業同士で協調した行動をとることを**カルテル**という。寡占企業間で協力が可能であり，生産量や価格水準について合意形成ができるのであれば，仮にすべての企業が合併して単一の独占企業として行動した場合の独占利潤を，寡占企業全体としては獲得できる。それを企業間で分配すれば，そうした協力をしないで寡占企業がバラバラに生産や価格の決定を行う場合よりも，各企業にとっては利潤が大きくなる。

したがって，寡占企業はカルテルを形成して，協調して価格を上昇させたり，生産量を抑制させたりする動機がある。とくに，同質財を生産している寡占企業間では，価格競争が厳しくなると，互いに損をすることになるから，カルテルを形成する誘因が大きい。

しかし，カルテルが寡占市場で常に生じて，しかも，安定的に維持されるとは限らない。カルテルを破棄する動機が個々の企業にある。他の企業がカルテルを維持しているとしよう。価格を高めに維持するために生産量を抑制しているケースである。このような状況で，ある一つの企業がカルテルを破棄して，生産を拡大したとしよう。他の企業がカルテルを維持し続けるとすれば，カルテルを破棄する企業のほうが利潤は大きくなる。

なぜなら，カルテルは生産抑制行為であるから，その企業からみれば限界収入よりも限界費用のほうが低い。一つの企業だけが価格を引き下げて生産を拡大すると，その企業は大きな利潤を獲得する。もちろん，すべての企業が生産を拡大すれば，結果として，カルテルを全企業で維持するケースよりも，個々の企業が手にできる利潤は小さい。

コラム　ゲーム理論と経済分析

　ゲーム理論は，ミクロ経済学の重要な分析ツールである。ゲーム理論の分析は，1944年に刊行されたノイマン（J. von Neumann）とモルゲンシュテルン（O. Morgenstern）の『ゲームの理論と経済活動』にもとづく。彼らは，ゼロ・サム・ゲーム（参加者の得点と失点の総和が0となるゲームのこと）での合理的な戦略を主として分析した。

　1950年代に入って，ナッシュ（J. F. Jr. Nash）は非協力ゲームの概念を用いて協力ゲームを再検討する試みを開始し，ナッシュ均衡（囚人のディレンマのように，他の参加者の戦略が変わらないことを前提に，自分だけが戦略を変えても利益のない均衡状態のこと）の概念を定式化した。ナッシュ均衡の概念は，寡占市場の分析に応用されて，経済分析の有効な道具の一つになった。

　さらに，1970年代により新しい概念が定式化され，さまざまな分野での適用可能性が明らかになり，ゲーム理論はより幅広く使われるようになった。

　最近では，限定された合理性のもとで，学習，認識，言語，進化という認知科学や心理学，生物学などとの関連も視野に入れて，人間の一見非合理的な行動もゲーム理論の枠組みを拡張して説明しようとする試みが展開されている。

　このように，ゲーム理論は経済学の枠を超えて，人々の行動を分析する際に広く応用されている。ゲーム理論という共通の分析手法を用いる結果，経済学と他の学問との相違がはっきりしなくなり，人間行動学という新しい学問領域が創成されているとも言えるだろう。

　しかし，一つの企業だけがカルテルから抜けることで，その企業は大きな利潤が得られる。こうした誘惑は，カルテルに参加しているすべての企業に共通である。したがって，カルテルは参加企業に強制力をもたせることがきわめて困難である。こうしたカルテルに関する企業行動はゲーム理論を用いて研究されている。

　なお，第3章・第4章で述べた市場の独占やカルテルについては独占禁止法により法的に規制されており，法の運用機関である公正取引委員会が対応し，違反行為が取り締まられている。

◕ 本章のまとめ

　完全競争市場では，すべての経済主体がプライス・テーカーとして行動する。供給＝需要の市場均衡ですべての人々が満足する。企業の利益は利潤であり，家計の利益は効用の増加（消費者余剰）である。消費者余剰と生産者余剰の合計が社会的余剰であり，需要曲線と供給曲線との間の面積に相当する。

　社会的余剰が最大になると，資源が有効に活用される。完全競争市場では資源が効率的に配分される（厚生経済学の基本定理）。その財の社会的な必要度が価格という客観的尺度で表明されるために，価格をシグナルとして企業や家計が経済行動を行うことで，社会的に最適な資源配分が実現する。

　ある産業で企業の数が少数に限定されており，それぞれの企業が価格支配力をもっていて，他の企業の行動にも影響される状態が寡占である。同質財を生産している寡占企業間では，価格競争が厳しくなると，互いに損をするため，カルテルを形成する誘因が大きい。

第 5 章
市場の問題

● 市場の失敗：公害

外 部 性

　市場における価格の調整機能は必ずしもうまくいくとも限らない。本章では市場が失敗するいくつかの例を取り上げ，それらを是正するミクロ的な政策について分析する。本節では，最初に，市場が失敗する例として，**外部性**を想定しよう。

　外部性とは，ある経済主体の活動が市場を通さなくて，別の経済主体の環境（家計であれば効用関数，企業であれば生産あるいは費用関数）にプラスかマイナスの影響を直接に与えることである。外部性のうち，他の経済主体に悪い影響を与える外部性を**外部不経済**と呼び，良い影響を与える外部性を**外部経済**と呼んでいる。

　外部不経済の代表的な例は，公害である（図5-1(a)）。自動車からの騒音や排気ガスによって，幹線道路の周囲で生活している人々の環境が悪化する。他にも，工場排水による水質汚濁，二酸化炭素やフロンガスの蓄積，酸性雨など地球規模での環境汚染問題や温暖化問題も，人類が直面する重要な課題である。

　しかし，ある人の経済活動が他の人の利益になるプラスの**外部効果**も存在する。近所の家で立派な庭があれば，周りの住民もそれを借景として楽しむことができる。露天風呂なども同様である（図5-1(b)）。義務教育もこのようなプラスの外部効果をもっている。誰でも読み書き・算術ができることが，経済活動の円滑な運営にプラスに働く。通信技術の発展によるネットワークは経済活動でも重要な機能を果たしているが，プラスの外部効果が高い（表5-1）。

　なお，市場を通じて他の経済主体に何らかの影響を与える経済行動も多いが，そうしたものは外部効果には入らない。たとえば，天候不順で農産物の出荷量が減少すれば，価格が上昇して家計は損害

(a) 公害

(b) 借景

図5-1　外部性の例

表5-1　外部効果

外部経済	ある経済主体の行動が直接他の経済主体に良い影響を与えること：借景，果樹園と養蜂業，情報通信ネットワーク
外部不経済	ある経済主体の行動が直接他の経済主体に悪い影響を与えること：公害，環境汚染

を被るが，こうした影響は市場を通じた価格変化であり，外部効果ではない。外部効果かどうかは，市場による価格調整が働くかどうか，あるいは，直接，家計や企業の経済状態に影響するかどうかで判断される。

コースの定理

　政府は介入せず民間の経済主体の自主性に任せておくだけで，市場の失敗が解決できる可能性を強調したのが，コース（R. H. Coase）である。彼は，交渉による利益が存在する限り当事者間での交渉が行われる動機が存在し，その結果，交渉の利益が消滅するまで資源配分が変更され，最終的には市場の失敗も解決されることを明らかにした（コースの定理：図5-2）。

　さらに，コースの定理は，当事者間で交渉に費用がかからなければ，どちらに法的な権利を配分しても，当事者間での自発的な交渉は同じ資源配分の状況をもたらし，しかもそれは効率的になることを主張する。市場機構に問題があっても，当事者間の自発的交渉という新しい点を考慮することで，最適な資源配分が達成されることを示したことは，理論的にも政策的にも貴重な貢献であり，コースはこの定理によってノーベル経済学賞を1991年に受賞した。

コースの定理の意義と限界

　外部経済を内部化（解決）するには，政府が課税で調整する（ピグー課税），市場を創設する，当事者同士で合併するなど，いくつかの方法がある（表5-2）。しかし，政府が直接介入する場合には，当事者の利益や不利益に関する情報が政府に十分に開示されていないと，適切な課税はできない。市場が失敗しているからといって，政府が直接介入する必要のないことを示したのは，コースの定理の重要な貢献である。

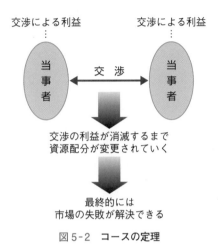

図 5-2　コースの定理

表 5-2　外部経済の内部化

方　法	意　味	問　題　点
合　併	当事者同士で一つの主体として行動する	利害の対立する当事者が合併するのは困難
ピグー課税	政府が外部効果を相殺するように課税で調整	適切な課税の大きさを政府が認識するのは困難
コースの定理	当事者間で交渉すれば，効率的な水準に到達	権利の確定が困難交渉のコストが大きい
市場の創設	新たな市場をつくって外部性をなくす	すべてのケースで市場をつくるのは困難

　しかし，コースの定理にも問題がある。当事者間で交渉をする場合に，どちらの側に法的な優先権があるのかという権利関係が確定している必要がある。しかし，現実には権利の確定は困難である。とくに，不特定多数に被害を与える公害の場合には，当事者を確定するだけでかなりの時間と費用がかかる。また，交渉それ自体に費用がかかるとすれば，市場の失敗が回避できても，別のコストが浪費されることになる。

環 境 税

　地球環境保全に対しての取り組みでは，経済的に発展を遂げてきた先諸国とこれから経済成長を加速させようとする途上国とで，熱意に大きな差がある。一般的に先進国では環境問題への関心も高く，地球規模での環境保全のために政策的な対応も含めて，積極的な姿勢がみられる。これに対して，途上国では環境よりもまず経済的な開発や貧困の解決が優先順位として高く，環境保全に消極的な対応がみられる。これは，今まで先進諸国が環境を犠牲にして発展してきたつけを，今度はこれから発展しようとする途上国にも負担させられるのでは，不公平であるという途上国からの反発もその背景にある。これが，地球環境保全に関する南北問題である。

　環境問題に対しては，課税面での手段も有力である。それはエネルギーの消費に対して税金をかける**環境税**である。環境税の導入は温暖化対策などの地球環境問題への対応であり，国際的な波及効果が大きい。しかし，互いに利己的な利益のみで環境対策をやろうとすると，まじめに環境対策をやる国だけが税負担というコストをかぶってしまう。国際的に協調して環境税などの導入を実施することが必要となる。

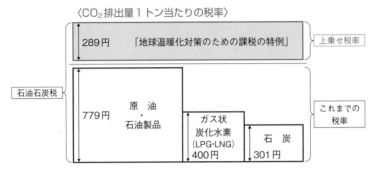

〈CO₂排出量１トン当たりの税率〉

図5-3　環境税の例

（出所）　環境省ウェブページ「「地球温暖化対策のための税」について」
　　　　https://www.env.go.jp/content/900499160.pdf

日本でも2012年から「地球温暖化対策のための税」が導入され，毎年度2,623億円の税収が見込まれている。税収は再生エネルギーの大幅導入，省エネ対策の抜本強化に活用される。

表5-3　排出量取引の違い

	義務的市場	民間の自主的市場
運　営	国や地域	民間団体
利用目的	規制対応	自主目標の達成
仕組み	企業が自社の排出量に応じて「排出枠」を売買	森林保全などの排出削減効果をカーボンクレジットと認定，売買
2022年取引金額	8650億ユーロ	19億ドル
22年平均価格	約80ユーロ	7ドル

（出所）　日本経済新聞「排出量取引とは　温暖化ガス排出に価格，民間市場で売買」（2023年12月17日）（日本経済新聞社の許諾を得て転載。無断複写・複製禁止。）
　（注）　LSEGやエコシステム・マーケットプレイスのデータから作成。平均価格はCO₂排出１トンあたり。義務的市場の平均価格は欧州連合（EU）の排出枠価格。

排出量取引は，1990年にアメリカで，発電所の出す硫黄酸化物を対象としてはじめて法制化された。2016年11月に発効したパリ協定でも，二酸化炭素の排出量取引を地球規模で温室効果ガス削減対策の一つとして位置づけている。

排出量取引

　排出量取引とは，汚染物質の排出量の上限を各国（各事業所）ごとに設定し，上限を超えた国（事業所）は上限に達していない国（事業所）から余剰分を買い取ることができる制度である（**表5-3**参照）。最近では，地球温暖化防止対策の一つとして，二酸化炭素の排出量取引が注目されている（**図5-4**）。現実の二酸化炭素の排出量が過大であれば，目標水準まで抑制する効果的な手法は，目標水準に相当する排出量を各国に割り当てることである。また，森林保護などの排出削減効果を民間団体が「カーボンクレジット」と認定し売買する自主的市場も盛んになってきた。

● 市場の失敗：情報

情報と経済分析

　経済主体間で情報が非対称に保有されるという意味で，情報が不完全であるときには，さまざまな市場の失敗が生じる。とくに，取引の対象となっている相手がどのように行動するかを監視できない場合，あるいは，取引対象の財・サービスがどんな品質であるのかがわからなかったり，相手がどのようなタイプの経済主体であるかがわからなかったりする場合が，問題となる。前者のケースでは相手の行動に関する不完全情報であり，後者の場合では相手のタイプに関する不完全情報である（**表5-4**）。

モラル・ハザード

　最初に，相手の行動が監視できないケースを考えてみよう。保険会社は，火災保険を販売するとしよう。家計はある所定の保険料を負担して火災保険を購入し，もし火災になれば保険で損害が補われる。火災は，契約者の故意，過失などの不注意な行動によっても生

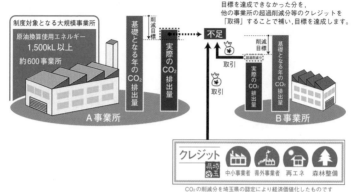

図5-4　埼玉県目標設定型排出量取引制度

（出所）　埼玉県ウェブページ「大規模事業所のCO₂排出量が基準排出量比で35％削減
　　　　　～排出量取引制度の令和3年度実績～」
　　　　　https://www.pref.saitama.lg.jp/a0502/news/page/new2023071301.html

表5-4　**不完全な情報**

	何の情報が非対称か	
	相手の行動	相手のタイプ
問題点	モラル・ハザード：道徳上のあるべき行為がゆがめられる	逆選択：本来必要な相手が市場から逃げ出す
対応策	モニタリングにコストをかける	良いタイプの主体がシグナルを出す

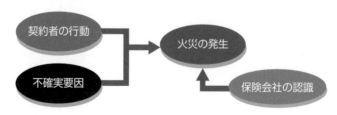

図5-5　保険の契約

契約者の行動と不確実要因が重なり合って火災が発生する。しかし，保険会社は2つの要因を識別できない。

じるし，契約者の通常の行動では回避できない理由でも発生する。後者は不確実な要因であり，契約者の行動とは独立に発生する。これら2つが重なり合って火災が発生する（図5-5）。

　ところで，保険会社は火災が発生したことは把握できても，その原因がどこまで契約者の不注意によるのかはわからないだろう。実際に火災が起きれば，仮に過失があっても契約者は常に自分は注意していたと自らの潔白を主張する。保険会社が契約者の行動を完全にチェックするのは容易なことではない。契約者の行動に関する**情報の非対称性**がある。

　このような契約では，結果として火災が生じれば，（故意または重過失が立証されない限り）保険会社は損害を補償する。家計は，少しくらいの過失があっても保険会社が把握できないという情報の非対称性を織り込んで行動する。その結果，保険契約をすることで，火災に対する注意がおろそかになる。これが，道徳上のあるべき行為（火の元をきちんと管理する）がゆがめられる**モラル・ハザード**である（図5-6）。

逆選択の例：中古車市場

　相手のタイプがわからない場合には，**逆選択**という問題が生じる。中古車市場の売り手と買い手について，この問題を考えてみよう。

　中古車の売り手は，自分の車がどの程度の品質の車であるのか，よく知っている。車の外見だけではなく，故障の起こりやすさや起こったときの程度についても，今までの経験から詳細な情報をもっている。これに対して中古車の買い手は，車を外見のみで判断するしかなく，その車の質に関しては，あまり情報をもっていない（図5-7）。

　売り手と買い手でその財の質＝タイプに情報の格差があるときに

図5-6　モラル・ハザード

モラル・ハザードの現象は幅広くみられる。たとえば，金融機関や大企業の救済にみられるように，企業が倒産しそうになると公的な援助が投入されることがわかっているため，経営努力をしなくても倒産することはないと経営者が考えて，きちんとした経営を行わない可能性がある。

図5-7　逆　選　択

は，市場がうまく機能しない。買い手は欠陥車をつかまされるかも
しれないと用心して，外見の良い中古車を買いたくても買わないか
もしれない。その結果，市場全体の規模が小さくなり，最悪のケー
スでは中古車市場が成立しない。

逆選択の例：中古車市場以外

　保険であれば，契約者の健康状態（たとえば，喫煙者であるか非
喫煙者であるか）が保険会社にとってはわからない。病気に対する
保険を設定しようとしても，健康状態の悪い人しか応募しなくなり，
保険会社は採算上ますます保険料率を上げざるを得ない。それでも
応募してくる人は健康状態の悪い人に限定されるから，さらに保険
料率が上昇し，結果として保険そのものが成立しなくなる可能性が
ある。逆に言うと，医療保険は強制加入の公的な保険制度でないと，
成立しない可能性が高い。

　銀行が企業に資金を融資する場合も，企業が良い企業であるのか，
悪い企業であるのかの区別が銀行にできない。悪い企業に貸す可能
性を考慮すると，貸出利率は高くせざるを得ないが，そうすると，
良い企業は借りるのをあきらめる。悪い企業はそれでも借りようと
して，ますます銀行の貸出利率が上昇し，良い企業は完全に閉め出
される。最悪の場合，企業への貸出市場が機能しなくなる。

政策的な対応の例：中古車市場

　このような逆選択の問題に対しては，いくつかの政策的な対応が
考えられる。中古車市場の例で説明しよう。

　第1に，供給を強制する。ある一定年数を経た中古車すべての売
却が強制されれば，価格が低下しても中古車の供給は減少しないか
ら，中古車の取引市場が存在できる。

　第2に，車検制度を整備する。中古車の品質を均一に管理できれ

コラム　サラ金の金利規制

　従来の消費者金融には高金利，過剰な貸出，過酷な取り立てという構造的問題が指摘され，これらが多くの多重債務者，自殺者を生んでいるとの批判があった。それまで，日本には利息の上限を制限する法律として「利息制限法」と「出資法」という2つがあったが，罰則のない利息制限法（上限15～20％）と，見なし弁済という特例によって可能とされていた出資法（上限29.2％）が共存している，グレーゾーン金利という領域が存在していた。

　2006年に最高裁の違憲判決を受けて，グレーゾーン金利廃止と上限金利引き下げが始まった。「グレーゾーン金利の撤廃」を目的とする改正貸金業規制法が2006年に制定され，消費者金融や信販（クレジットカード）業界などの貸金業者への規制がより強化された。この改正法には，借り手の借入総額を年収の3分の1までに制限するという総量規制も導入された。過剰融資を防ぎ，多重債務者を生まないことが狙いである。

　貸し手にとって借り手のリスクがどの程度かわからない情報の非対称性があるとき，金利の上限を設定するのは，リスクの極端に高い人だけがサラ金市場に残ってしまい，ますます金利が上昇するという弊害を緩和する効果がある。上限金利が引き下げられると，利用者にとってはありがたいことだろう。

　しかし，金利が低めに設定されると，貸金業者はリスクの高い利用者に見合った金利を設定できなくなるので，サラ金の市場が過度に抑制される。その結果，高金利でも借りたい人が，非合法の「ヤミ金融」に走る危険性もある。こうしたリスクの高い人が非合法の「ヤミ金融」を利用せざるを得なくなることで，暴力団の資金源を補強する弊害も生じる。

ば，平均的な質を知ることは，個々の中古車の質を知ることと同じになるから，情報の非対称性の問題は解消される。

第3に，ある一定価格以下での売買を禁止する。これは，中古車の価格が低下するのを防ぐので，良質な中古車が市場に供給されるようになる。

第4に，売り手が自発的に対応する。自分の車が良質であるとわかっている売り手は，そうでない売り手と区別するために，良質の車の売り手しかできないことを行う。たとえば，一定の走行距離の範囲で故障に対する保証をつけることなどである。これは，悪い車の売り手にはまねできない保証であるから，結果として，そうした保証制度のある車は良い車だという情報が買い手に伝わる。これは，「シグナリング」という方法で，逆選択の問題を解消するものである。

第5に，買い手が要求する。事故が起きたときの保証を買い手側が要求すると，良質の車の売り手はそれに対応できるが，悪い車の売り手はそうした要求をのめない。買い手がハードルを設定して，良質な売り手のみがそれを越えられるようにすれば，結果として良質の車とそうでない車を区別できる。これは，「**自己選択**」あるいは「**スクリーニング**」と呼ばれている。

中古車市場以外の例についても，こうした対応は有効である。とくに，売り手が品質を保証するシグナルを出すケースや，買い手が良い売り手を選別するように自己選択の仕組みを利用するのは，一般的にみられる現象である。

コラム　行動経済学のナッジ

　行動経済学では，人間には意思決定のクセ（＝バイアス）があるとして，心理的な要因を重視し，現実的な人間行動に基づいた経済政策の効果を分析する。こうした考え方は政策誘導にも有効とされる。その代表的なアイデアの1つが，ナッジ（軽くつつく，行動をそっと後押しする）である。

　これは，複数の選択肢から自由に選択できるというしくみを維持しつつ，より望ましい選択に気づかせるように誘導することである。すなわち，複数の選択肢の内で，政策的に誘導したい選択肢をあらかじめデフォルト（初期設定）として示した上で，特に反対の意思表示をしない限り，その選択肢が採択されるようにする。

　たとえば，年金の支給開始年齢が標準で65歳であるが，本人が希望すれば，遅めの70歳から支給開始（その分毎年の給付金額は増加する）も選択可能であるとしよう。このとき，70歳の支給開始をデフォルトとして設定しておくと，多くの受給者はそのままこの選択を受け入れるだろう。

　あるいは，別の例として，個人勘定の年金積立における配分比率を選択する問題を考える。たとえば，預貯金など安全資産と株や投資信託などリスク資産の配分比率を家計が選択する問題である。何もナッジがなければ，多くの家計が安全資産に偏った運用を選ぶ場合でも，デフォルトでリスク資産の配分比率を高くしておくと，多くの家計はそのままリスク資産の運用比率が高い選択肢を受け入れるかもしれない。

　したがって，政府が望ましいと想定する選択肢（上の例では「70歳からの支給開始」あるいは「リスク資産の高い資金運用比率」）を人々が選択するように，ナッジで誘導することができる。ナッジには特段の費用も要しないため，政策誘導が望ましく，かつ，誘導効果が期待できるのであれば，優れた手法と言えるだろう。

　ただし，ナッジは経済的な誘因（インセンティブ）ではなく，心理的効果に期待するだけなので，必ずしも有意な誘導効果がみられないケースもある。また，ナッジが効くとしても，その誘導効果は小さく，長続きもしないという研究結果も報告されている。より積極的で効果的な政策介入が必要であれば，ナッジに加えて経済的なインセンティブも活用する方が有効だろう。

● 独占と公的規制

自然独占

　独占が経済的な理由で存在するとすれば，規模の効率性がもっと
も重要な理由であろう。電力，ガスなどの公益産業では規模の経済
性が大きく，生産量を拡大すると平均費用が低下するので，事実上
1つの企業が一定の地域で供給を独占している。このような独占を
自然独占と呼んでいる（表5-5）。独占企業が利潤最大化をすると
価格が割高になり，供給量が過小になるため規制が必要である。

X非効率性

　資源配分の効率性からは，限界費用に見合う価格で生産するのが
望ましい。しかし，独占企業の価格を抑制して供給量を最適水準ま
で拡大させるとき，規模の経済が大きいと，独占企業が赤字になる。
限界費用に相当する価格では，固定費用分がカバーできないからで
ある。したがって，赤字分は税金を投入して，企業の補助金を与え
る形で処理せざるを得ない。

　しかし，いくら赤字を出しても，それが補助金で穴埋めされるこ
とを企業が前もって理解していれば，費用を最小にする動機が乏し
くなるだろう。たとえば，独占企業は必要以上に豪華な店舗をつく
ったり，従業員の福利厚生に金をかけすぎる誘惑にかられる。この
ような非効率性の発生を，**X非効率性**と呼んでいる（図5-8）。

　損失補填のために補助金が利用できないときは，政府による規制
として，価格を限界費用に等しく設定することはできない。その場
合，価格を平均費用に一致させることで，損失をゼロにするという
収支均衡の料金政策も考えられる。

　この独立採算ルールでの社会的余剰は，限界費用価格形成原理の
ときの余剰よりも小さい。しかし，独占企業が利潤最大化行動で生

表5-5　**自然独占の最適な規則**

限界費用価格形成原理	限界費用＝価格：補助金が必要，X非効率の可能性
平均費用価格形成原理	平均費用＝価格：独立採算，X非効率の可能性
ピークロード料金	ピーク期の料金を非ピーク期よりも高く設定
二部料金	基本料金＋従量料金

図5-8　**X非効率性**

政府からの補助金をあてにして，企業は必要以上に豪華な店舗や福利厚生施設
をつくる誘惑がある。

産量と価格を決定する場合よりも，社会的余剰は大きくなる。独立採算制であるから，政府からの補助金は不要である。ただし，常に独立採算が保障されていれば，赤字を回避するための価格の引き上げが保障されているのと同じであり，X非効率性は排除されない。

参入をめぐる競争

　独立採算制，すなわち，公企業が生産する生産物全体についての収支を均衡しなければならない場合，公企業はある生産物の販売で得た利潤を別の生産物の販売に伴う損失を穴埋めするために使う可能性がある。これを**内部補助**という。たとえば，旧電電公社が首都圏の近距離電話で得た利益で，地方の赤字の遠距離電話を維持していた例などがある。

　もし，政策当局によって既存独占企業の内部補助が要求されているとすれば，参入規制も必要となる。なぜなら，参入規制がなければ，既存独占企業は収益の高い上述の生産市場で参入企業に利益を奪われながら，なおかつ収益性の低い市場でも生産を続けざるを得ない。その結果，既存独占企業の経営は悪化する。たとえば旧国鉄の場合，大都市圏で私鉄と競合したために，そこであまり大きな利益を確保することができなくなり，赤字ローカル線の重荷で全体としても採算が苦しくなり，ついには分割して民営化された。

既得権と国民の利益

　規制による**既得権**はどのような意味で問題となるだろうか。**表5-6**にまとめたように，規制産業では**超過利潤**（レント）が生じても他の産業からの参入が起きないので，長期的に超過利潤が保護されている。わが国では金融産業や運輸産業などで，政策的に新規参入が規制され，超過利潤が長期にわたって保護されてきた。こうした利潤もレントの一つである。その結果，規制産業では高級官僚の

コラム　市場が所得を決める

　普通の人にとって，経済的に成功するための基本的な鍵は，幸運をあてにするのではなくて，精一杯に努力することである。他人よりも懸命に働いて，自らの人的な能力，技能，スキルを高める。さらに，幸運を呼び込む人的ネットワークを構築して，経済的に成功する確率を他人よりも高くすることも重要である。

　また，時代，社会，市場のニーズにあったサービスを自分が供給することも，重要なポイントである。社会が求めているものを自分が提供できてはじめて，十分な対価（高額の所得）を得ることができる。自分が有益と思う仕事でも，社会，市場からみて必要度が低ければ，精一杯努力しても評価されず，多くの所得を稼ぐことはできない。自分が好きだからその仕事に精を出すという自己満足の世界で，経済的に成功するのは難しい。自分の仕事が社会的に有用であると世の中の多くの人が認めてはじめて，高い報酬を手にできる。

表 5-6　**既 得 権**

原　因	参入規制
結　果	超過利潤の発生
問題点	所得分配の不公平 資源配分の非効率

天下り先になっているとともに，政府の政策に影響を与えるような
賄賂・汚職事件がたびたび発生してきた。

　専門的な財・サービスの中身を普通の消費者が判断するには無理
があるため，財・サービスの品質を管理するという意味では，資格
取得を厳しくするのは，消費者にプラスになる場合もあるが，逆に，
単なる供給制限でしかないケースも多い。

● 本章のまとめ

　外部性とは，ある経済主体の活動が市場を通さずに，別の経済
主体の環境（家計であれば効用関数，企業であれば生産あるいは
費用関数）にプラスかマイナスの影響を直接に与えることである。

　政府が介入しなくて民間の経済主体の自主性に任せておくだけ
でも，市場の失敗は解決できる（コースの定理）。

　環境問題に対しては，エネルギーの消費に対して税金をかける
環境税も有力である。排出量取引は，汚染物質の排出量の上限を
各国（各事業所）ごとに設定し，上限を超えた国（事業所）は上
限に達していない国（事業所）から余剰分を買い取る制度である。

　取引の対象となっている相手の行動を監視できない場合，道徳
上のあるべき行為がゆがめられる「モラル・ハザード」が生じる。
相手のタイプがわからない場合，逆選択という問題が生じる。

　生産量を拡大すると平均費用が低下して，1つの企業が一定の
地域で供給を独占している状態が自然独占である。赤字を出して
もそれが補助金で穴埋めされることを，公的企業が前もって理解
していれば，X非効率性が生じる。

第**6**章
政　府

● 政府の役割

資源配分機能

　本来，個人主義，自己責任の市場メカニズムを前提としている市場経済では，政府の経済活動は必要ない。民間にできることは民間に任せるのが，基本原則である。しかし，現実の経済で政府は大きな役割をもっている。経済学では，一般的に，政府の経済活動のあるべき姿として，4つの機能を想定している（表6-1）。

　第1は，資源配分機能である。市場がうまく機能しているときには，市場で財の需給を一致させるように価格が自動的に調整され，必要なものが必要な量だけ供給される。市場メカニズムに任せておけば，市場は望ましい財を自ら供給してくれる。

　しかし，社会資本や公共サービスなどの公共財は，民間で提供される普通の財とは異なる性質をもっている。便益が特定の経済主体に限定されずに，広く国民経済全体に拡散する。このような公共財を政府が適切に供給しないで，民間に任せておいたのでは採算がとれなくなるため，社会的に望ましい水準まで供給されない。

　逆に，公害など民間の経済活動に伴って発生する悪い波及効果（負の外部経済）もある。企業や家計は自らの利益（利潤や効用）を追求するために経済活動を行っているが，そうした行動が他の経済主体（企業や家計）に迷惑をかけているかもしれない。

　民間経済において社会的に必要とされる財・サービスが十分には供給されない（あるいは社会的に好ましくない影響をもつ財が過大に市場で供給される）という資源配分上の非効率性があるときに，政府が経済活動に介入することが正当化される。

　政府の役割を，市場経済では十分には供給されない公共サービスの供給，公害の発生など市場の失敗に対する是正等，ミクロ・レベ

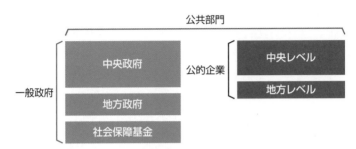

図6-1　わが国の政府（中央政府と地方政府）

　わが国の政府は，中央政府と地方政府からなる。中央政府＝国は公共部門の中心的な位置にあり，また地方政府＝地方公共団体の活動を指導・監督している。中央政府は，直接税，間接税等の税金を使って多額の収入を得る一方，自ら行政サービスを提供したり，財サービスを購入したりという形で一定の政府支出活動を行ったりする。また，地方政府に対しては財源の補助を，社会保障基金に対しては社会保障特別会計等への繰入れ（公的年金や医療保険に対する国庫補助等）などを行っている。

表6-1　政府の4つ機能

資源配分機能	市場経済における資源配分上の非効率を是正するために，介入する：公共財の供給，公害の是正
所得再分配機能	所得や資産の格差を是正するために，介入する：社会保障，累進的な税
安定化機能	経済全体の安定化のために，介入する：マクロの総需要管理政策
将来世代への配慮	望ましい経済成長の実現のために，介入する：公共投資，公債の発行

ルでの政策に限定する考え方は，安価な政府＝「夜警国家」と呼ば
れ，効率性を重視するものである。

所得再分配機能

　資源配分上の機能と並んで政府の役割として重要な2つめの機能
が，**所得再分配機能**である。市場メカニズムが完全に機能していて
も，社会全体として理想の所得分配が実現できるとは限らない。
人々の所得は，その人々の当初の資産保有状態にも依存する。

　経済活動をする以前に，資産をどのくらい持っているか，あるい
は，どのような質の労働サービスを供給できるか，これらは親から
の遺産や贈与に依存するところが大きく，すでに決まっている場合
が多い。市場メカニズムが完全であったとしても，結果として人々
の間での所得格差が生じる。競争の機会が均等でなければ，不平等
感，不公平感は避けられない。また，機会が均等であっても病気や
災害などのために，結果として経済状態の恵まれない人々も生じる。

　政府が，経済状態の恵まれた人から所得をある程度取り上げ，そ
れを恵まれない人に再分配する所得再分配政策は，多くの人の価値
判断としてもっともらしい。生活保護，雇用保険，医療保険や年金
などの**社会保障**は，こうした考え方にもとづいている。

　20世紀に入って，国民経済全体の規模が拡大するとともに，人々
の間での所得格差も次第に拡大した。社会全体の治安や秩序を維持
し，経済活動を発展させるためにも，所得の再分配政策は政府の望
ましい政策目標となった。

　失業の防止を政府の義務の一つにあげたケインズ主義は，非自発
的失業を重視して，失業者を自らの責任でないにもかかわらず苦痛
を背負わされた存在と見なした。これは個人主義＝自主自責・自助
努力の原則に修正をもたらすものであり，「政府主導の社会保障の

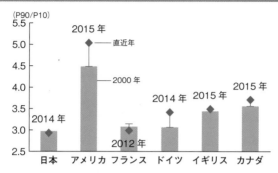

図 6-2 先進国の所得格差の動向 (所得上位 10％水準と下位 10％水準の比率)
（出所） 内閣府「世界経済の潮流 2016 年 I」
　（注）　1.　OECD. Stat より作成。
　　　　　2.　対象世帯の所得を高低順に並べ 100 分割したとき, 低い方から n
　　　　　　　番目の所得を Pn と表記しており, P10 は低い方から 10 番目, P90
　　　　　　　は 90 番目の所得を示す。そのため, P90/P10 は P90 と P10 の比
　　　　　　　率を算出したものとなる。

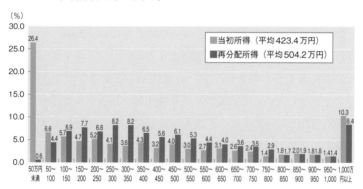

図 6-3　所得再分配による所得階級別の世帯分布 (2021 年)
（出所） 厚生労働省「令和 3 年 所得再分配調査」
　（注）　1.　当初所得：雇用者所得, 事業所得, 農耕・畜産所得, 財産所得,
　　　　　　　家内労働所得, 雑収入, 私的給付 (仕送り, 企業年金, 生命保険金な
　　　　　　　どの合計額) の合計額。公的年金などの社会保障給付は含まない。
　　　　　2.　再分配所得：当初所得から税金, 社会保険料を控除し, 社会保障
　　　　　　　給付 (公的年金などの現金給付, 医療・介護・保育の現物給付を含む)
　　　　　　　を加えたもの。

思想＝福祉国家」の思想に理論的根拠を与えている。

　公平性にも「結果としての公平性」を重視する立場と，「機会としての公平性」を重視する立場がある。どちらの立場を重視すべきか，この点は価値判断にかかわる問題である。

安定化機能

　3つめの機能は，経済全体の**安定化**のための役割である。石油ショック，金融不安，自然災害，国際テロなどのショックで，マクロ経済活動が不況に見舞われたとしよう。短期的に，失業や資本の遊休は避けられない。まして，価格の硬直性や独占などさまざまな理由のために市場メカニズムがうまく機能していないと，その悪影響が大きくなる。

　このような場合，政府がマクロ経済活動を安定化するために経済的に介入することは望ましい。とくに，マクロ経済が不完全雇用の状態にとどまり，有効需要の不足が解消されない不況期に，マクロ経済の安定化は政府の重要な課題になる。

　2008年後半からの金融不安，世界同時不況では，マクロ経済を安定化させるために財政金融政策を積極的に発動することが，各国の国際公約となった。こうした不況期には，財政支出の拡大，減税，金融緩和政策で需要を刺激する政策が実施される。しかし，適切な時期に適切な規模で実施することは困難であり，その政策効果は必ずしも明確ではない。

将来世代への配慮

　経済成長は高ければ高いほどよいものではない。どの程度の成長が望ましいのか，そして，どのような経済政策によって経済成長を操作できるのか，こうした観点は，公債の負担の問題や公共投資の生産性，環境，資源の問題とも関連しており，政府の重要な機能である。

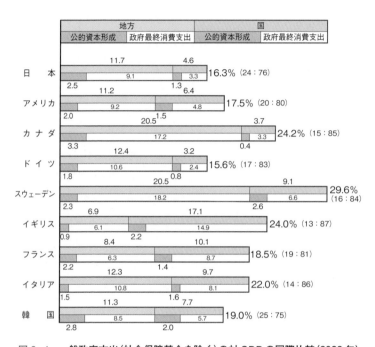

図6-4　一般政府支出（社会保障基金を除く）の対GDPの国際比較（2022年）

（注）　括弧内は公的資本形成と政府最終消費支出の比率を示す。
公的資本形成：道路や公共施設建設など公的な固定資本の形成のためのコスト
政府最終消費支出：行政サービスの生産に要したコスト（公務員の人件費など）

（データ出所）　国民経済計算及びOECDデータに基づき作成。フランス及び韓国については，暫定値を使用。

（出所）　総務省ウェブページ「一般政府支出（社会保障基金を除く）の対GDPの国際比較（2022）」
https://www.soumu.go.jp/main_content/000936397.pdf

　この点は，将来世代の経済状態をどの程度配慮するかの問題でも
ある。市場メカニズムだけでは，最適な経済成長は達成されない。
将来世代のことを必ずしもきちんと考慮して，現在の経済活動は行
われていない。その場合，将来世代の利害を配慮できる主体が政府
である。たとえば，地球規模での温暖化は，将来世代に大きな悪影
響をもたらす。長期的な環境問題への適切な対応は，将来をきちん
と考慮できる公的な意思決定が不可欠である。

公共財とは何か

　公共財とは，通常，**消費における非競合性**と**排除不可能性**から定
義される。すなわち，政府はある特定の人だけを対象として，公共
サービスを限定的に提供することはできない。ある特定の人を，た
とえば受益に見合った負担をしていないからという理由で，その
財・サービスの消費から排除することが技術的，物理的に不可能で
ある。その社会に住む人なら誰でもその公共サービスを受けること
ができる（排除不可能性）。また，ある人がその公共サービスを消
費したからといって，他の人の消費量が減るわけでもない（消費に
おける非競合性）。

公共財とただ乗り

　政府が公共財を供給する際に問題になるのが，ただ乗りの可能性
である。ただ乗りとは，負担を伴わないで便益を受けることである。
通常の私的財であれば，市場価格で購入するという対価を支払わな
い限り，その財を消費することができない。しかし，公共財の場合
は排除不可能性があるために，たとえ負担しなくても，便益は享受
できる（図6-5）。

　たとえば，公共財の評価の高い個人に，より大きな税負担を課す
という受益者負担の原則を適用してみよう。公共財の評価の高い人

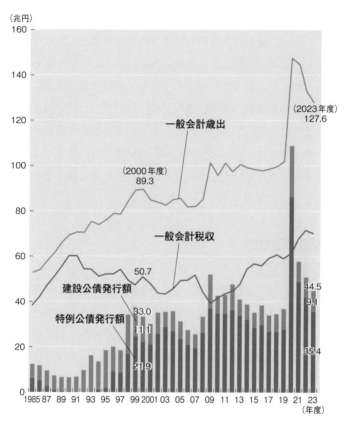

図6-5　一般会計における歳出・歳入の状況

（出所）　財務省ウェブページ「財政に関する資料」

https://www.mof.go.jp/tax_policy/summary/condition/a02.htm

受益と負担が分離されている世界で，他人の負担にただ乗りしようとする誘惑は大きい。私的財であれば，受益と負担を分離することは不可能であり，こうしたただ乗りも生じない。歳出の決定と歳入の決定が分離されており，政府の提供する公共サービスに関して，受益者負担の原則が成立していない場合には，国民一人ひとりにとって，歳出の拡大と税負担の減少という誘惑は常に大きい。その結果，歳出と税収の差額である財政赤字は拡大しやすい。

は，正直に公共財の自分の評価を政府に申告すれば，公共財の負担
も増大する。むしろ，公共財はそれほど必要ないので自分はあまり
負担もしないと虚偽の申告をして，重い負担を回避しても，公共財
を消費することは依然として可能である。したがって，誰も自分で
負担したがらず，本来なら必要とされる公共財供給が過小になる。

　また，受益者負担の原則を適用せず，公共財の負担を調達する場
合は，公共財を負担する納税者と公共財の受益者とが乖離する。こ
うしたケースでは，自分の負担が増えない限りは，なるべく多くの
公共財が利用できるほうが得になるため，公共財に対する過大な需
要が生まれる。

● 税金の取り方

直接税と間接税

　税金には直接税と間接税がある。**直接税**は，納税者が直接税金を
納めるものであり，**間接税**は納税者が第三者を通じて間接的に納税
するものである。たとえば，所得税は，納税者が自らの所得から直
接納税するので直接税であり，消費税は，財・サービスを購入する
際に価格に上乗せされることで，消費者に代わってその財の販売者
が間接的に納税するので間接税である（表6-2，図6-6）。

　しかし，所得税の場合も，企業が源泉徴収という形で，労働者に
代わって間接的に納税しているといえなくもない。また，課税後の
手取り賃金が減少するのを相殺するように，課税前の賃金水準が上
昇すれば，表面上は労働者が負担している所得税でも，実質的には
企業がその一部を負担していることになる。直接税の場合でも，課
税によって価格や賃金などが変化するため，誰が本当に納税してい
るかをきちんと区別するのは，困難である。

表6-2　直接税と間接税

	直　接　税	間　接　税
定　義	納税者の個人的な事情を配慮した課税	納税者の個人的な事情を考慮しない課税
例	所得税，法人税，相続税	消費税，関税
特　徴	累進的な課税が可能	比例的に課税

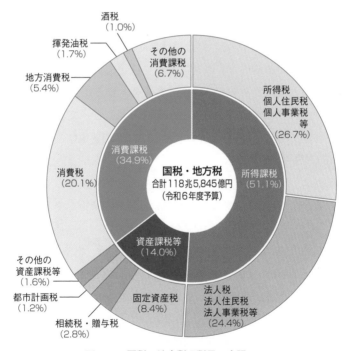

図6-6　国税・地方税の税目・内訳

（出所）　財務省ウェブページ「国税・地方税の税目・内訳」
　　　　　https://www.mof.go.jp/tax_policy/summary/condition/001.pdf

より有益な区別として，所得税のように，納税者の個人的な事情を考慮して税額が決定されるものを直接税，また，消費税のように，納税者の個人的な事情（たとえば，扶養家族の人数，年齢など）とは無関係に税額が決定されるものを間接税とする区別がある。

累進税・比例税・逆進税

課税ベース（所得など）とともに税負担も比例的に増加する場合を比例税，課税ベース（所得など）が増加すると，平均税率も増加する場合を累進税と呼んでいる。また，平均税率が課税ベースとともに低下するときは，逆進税と呼ばれる。

所得再分配の観点から，所得税は累進税である。消費税は課税ベースが消費であるから，消費に対しては比例税である。一般的に，所得の高い人ほど消費も多いが貯蓄も多くなって，平均消費性向（消費÷所得）は低下するから，所得を分母にとって平均税率（消費税負担÷所得）を所得との対比で表せば，消費税は逆進的となる。

一括固定税と撹乱税

課税は，政府にとって必要な財源を確保する手段として用いられる。効率性の観点から望ましい税制は，家計の負担をできるだけ少なくして，必要な税収を確保することである。

効率性の観点から望ましい税は，一括固定税（あるいは定額税）である。これは，課税ベースが経済活動とは独立な税であり，1人あたり定額の固定税である。

労働所得税では，労働供給の変化により税負担も変化するが，一括税では，どのように経済活動が変化しても税負担は変わらない。この一括固定税と比較して，労働所得税などの通常の税金は課税後の賃金を低下させて，家計の労働供給を抑制するので，余計な負担を家計にもたらしている。これを超過負担と呼んでいる（コラム参

コラム　超過負担

　超過負担を表6-3のような数値例で考えてみよう。課税前に時間あたりの賃金率（時間給）が100であるとして，10時間の労働供給をしている。課税されていない所得は1000である。ここで，20％の税率で労働所得税が課せられると，課税後は手取りの賃金率が80になる。手取りの（時間あたり）賃金が減少すると，働く有利さがなくなって，今までよりも働く時間を減らして，その分だけ余暇に振り向けようとする。その結果，労働供給が8時間に減少するとしよう。課税前所得は800で，課税後所得は640である。このとき政府の税収は160である。

　課税ゼロのケースで家計の所得は1000（円）であった。しかし，10（時間）だけ働くことで余暇の時間を犠牲にしている。簡単化のために，手取り所得のうちの半分はそうした余暇の犠牲で相殺されると考えよう。数値例では500がそうした経費にあてられて，家計の実質的な利得は500である。

　次に，20％の所得税のケースを考えよう。課税後は，家計の手取りの所得は640になる。余暇の時間が増加したので，家事サービスを自分でまかなう余裕が増加する分だけ，生活費として必要な金額は500から320に減少している。したがって，実質的な利得は320になる。課税による家計の実質的な利得の減少は，500－320＝180である。

　このとき，政府の税収160が補助金として還付され，家計の所得の穴埋めに使用されたとしても，180－160＝20だけ，家計の実質的な利得は減少している。この20の大きさが労働所得税による超過負担である。

表6-3　超過負担の数値例

税率	時間給	労働時間	所得	税金	課税後所得	経費	利得	課税による利得の損失	超過負担
0%	100	10	1000	0	1000	500	500	0	0
20%	100	8	800	160	640	320	320	180	20
40%	100	6	600	240	360	180	180	320	80

照）。

　たとえば，手取り所得のうちの一定割合は余暇の犠牲を相殺する費用に消えると考えよう。長時間働く場合は，家事に費やせる時間が限定されるから，余計な出費もかさむ。そうでなければ，食事を自宅で用意していた人が，余暇の時間が少なくなると，外食や出来あいの総菜に頼らざるを得ない。その分だけ，生活費は増加する。超過負担の大きさは，課税によってその経済活動（労働所得税の場合は労働供給）がどれだけ抑制されるかに依存する。労働供給が大きく抑制されるほど，税収増は期待できない一方で，家計の利得は大きく減少する。したがって，超過負担は大きくなる。とくに，限界税率（課税ベースの追加的な拡大でどれだけ税負担が増加するか＝税負担の増加÷課税ベースの拡大の比率）が高いほど，労働時間も抑制されて，超過負担も大きくなる。

　資源を効率的に配分するのが市場メカニズムの一つのメリットであるが，そうしたメリットが税金の撹乱的な効果によって損なわれる可能性がある。なお，所得再分配という公平性の観点からは，一括固定税ではなく，累進的な所得税が望ましい。

● 政府に対する見方

ハーベイ・ロード

　政府は，国民全体の経済厚生を最大にするように行動している，あるいは，行動すべき良識の府であり，そのための指針として経済分析が有効であるというのが，経済政策を議論する際の基本的な立場である。これは，ハーベイ・ロードの立場と呼ばれている。

　しかし，現実の政府が多少とも失敗しているという実感は，多くの人々が感じていることだろう。このような見方を背景として，政

コラム　格差是正の考え方

　格差を是正しすぎると，さまざまな弊害も生じる。まず，誰が恵まれない人で誰が裕福な人かを事後的な経済状態（結果としての格差）だけをみて識別するのは，意外と困難である。なぜなら，再分配政策が実施されるのであれば，誰でも給付を受ける側に回り，負担をする側に回りたくないと考える。本来経済力のある人が，再分配政策があるために弱者になろうとする可能性がある。すなわち，所得を稼ぐ機会，あるいは，十分に能力が発揮できる可能性である人でも，再分配政策に甘えて，自助努力を怠って，事後的に所得をあまり稼がなくなる。そうした人は，機会の観点からは弱者でないのに，結果の観点からは弱者になる。この点は，結果だけで弱者を判別する場合の大きな問題点である。

　もう一つ重要な点は，結果を重視する格差是正政策のもたらす効率性のコストである。再分配を充実させるには，裕福な個人や企業へ重い税金を課すことが多い。こうした課税は，負担する人々や企業の経済活力を損なうという問題点がある。さらに，給付を受ける受給者が適切に特定化されても，彼ら自身が再分配政策に甘えて，自助努力を怠ってしまう弊害も予想される。これらの弊害が大きい社会では，大規模な格差是正にはデメリットが大きい。逆に，これらの点がそれほど弊害とならない社会では，格差是正を十分に実施してもそれほどデメリットが生じない。

　他方で，「結果としての公平性」よりも「機会としての公平性」や自助努力や効率性を相対的に重視する社会であれば，機会の均等を実現するような政策が重要視される。たとえば，教育や就業の機会を均等に保障するため，弱者に優先的な割当枠を設定したり，奨学金を給付して経済的に支援したり，相続税を重課して世代間で格差拡大が続かないようにしたりする。しかし，成功で得た報酬は基本的に本人が自由に処分できる。ある程度の結果の格差は許容される。こうした政策では，結果としての格差を是正する効果は小さくなるが，再分配政策がもたらすさまざまな弊害も緩和される。

府が失敗するのは，政策決定のメカニズムに問題があるばかりでな
く，政府の目的それ自体が社会厚生の最大化とは異なるからだとい
う議論がある。すなわち，政府は，現実には公共のためにその社会
の構成員の経済厚生を最大にするという理想主義的なものではなく，
利害の異なる各経済主体の対立を反映したり，政府を構成する政党
＝政治家，官僚などのそれぞれ異なった集団の自らの利益の追求の
産物であるという考え方である。このような現実主義的な立場が，
公共選択の理論である。この立場では当然政府の行動は理想的なも
のではなく，市場メカニズムが完全であっても，政府の失敗による
非効率は避けられない。

　現実の政治過程を説明しようとする公共選択の理論の立場は，最
近では，政府の経済行動を説明する有力な研究方法となっている。

大きな政府か小さな政府か

　社会的な公正を重視し，恵まれない人への福祉政策にも配慮する
大きな政府を望ましいと考えるか，あるいは，経済の効率を重視し，
個人の自由と自己責任のもとで経済活力の活性によって全体のパイ
が大きくなることを志向する**小さな政府**を望ましいと考えるかは，
政府のあり方をめぐる基本的な論点である。

　アメリカでの民主党と共和党，イギリスでの労働党と保守党との
対立は，ほぼこうした政府の役割についての理念の相違にもとづい
ており，同様にわが国でも大きな争点になっている。

コラム　政府の理念

　わが国は，自民党政権が長期的に存続してきたこともあって，政府の役割に対する理念の相違は，明確な争点として意識されてこなかった。最近の与野党の経済政策をみても，政府の役割に関して政党間で大きな相違があるとは思われない。これは，政権交代が起きるときに政策があまり変化しないというメリットをもたらす。一方で，経済環境の変化にもかかわらず，過去に決定された政策が既得権化して見直しが進まないというデメリットももっている。

　1990年代以降自民党は連立政権の形で，やっと与党の座を確保してきた。連立政権では与党を構成している政党それぞれが拒否権を持っており，「総論賛成，各論反対」が支配的となり，それぞれの政党の背後にある圧力団体にとって不利になる政策は実施できない。とくに，現在の国民（＝有権者）に負担増となる財政赤字を削減する増税や，圧力団体の既得権を損ねる補助金の削減という政策は，実施されにくい。

　最近の総選挙でも，与野党ともに連立政権を想定して，増税を否定（あるいは明示的に取り上げない）しながら，子育て支援の充実や高齢者の年金，医療の給付水準を安定・拡充させるという（財政的には非現実的と思われる）公約を掲げた。財源の手当なしに社会保障の充実で安心・安全の社会を実現するという点で，各政党の公約は似通っている。

安定性　　　　　　　　既得権化
メリット　　　　　　　デメリット
わが国の政府の理念

図6-7　政府の役割

● 本章のまとめ

経済学では，政府の経済活動のあるべき姿として，4つの機能（資源配分上の機能，所得再分配機能，安定化機能，将来世代への配慮）を想定している。政府の役割を，市場経済では十分には供給されない公共サービスの供給，公害の発生など市場の失敗に対する是正等，ミクロ・レベルでの政策に限定する考え方は，安価な政府＝「夜警国家」と呼ばれ，効率性を重視する考え方である。

公共財は，通常，消費における非競合性と排除不可能性から定義される。公共財の供給ではただ乗りが問題となる。受益者負担の原則が成立しないので，国民一人ひとりにとって，歳出の拡大と税負担の減少という誘惑が大きく，歳出と税収の差額である財政赤字が拡大しやすい。

税金には直接税と間接税がある。課税ベースとともに税負担も比例的に増加する比例税，課税ベースが増加すると，平均税率も増加する累進税，平均税率が課税ベースとともに低下する逆進税という分類もある。

現実の政府が多少とも失敗しているという立場で政府行動を分析するのが，「公共選択の理論」である。

第**7**章

金　　融

● 貨幣と金融市場

貨幣の機能

　金融は，貨幣の存在をなしに成立しない。貨幣の基本的な機能は，財と財との交換を円滑にすることにある。もし貨幣がなければ，すべての市場取引は物々交換で行われざるを得ない。自分が相手のものを必要とし，同時に，相手も自分の持っているものを欲しがるようでなければ，円滑な交換が行われない。これでは，事実上，自給自足が中心となり，人々が自分の得意な仕事に専念する状態（＝分業）も，発達しない。

　ここで，貨幣が利用可能であれば，すべての取引は貨幣との交換で行われる。自分が欲しいものを交換相手が持っている必要はなく，市場取引の可能性は飛躍的に高くなる。貨幣経済では分業も発達するので，経済活動全体が活性化して，国民全体の経済厚生も向上する（図7-1）。

　交換手段の他に貨幣の機能として重要なものは，富の蓄積手段である。貨幣は，公債，社債などの債券や株式，土地，家などの実物の財とともに，資産蓄積のために保有される。これは，資金の余剰な主体から資金の不足している主体への資金の融通という側面ももっている。

　貨幣には，名目額でみてもっとも安全に資産を保有できるというメリットがある。貨幣の発行元である中央銀行が倒産することは，まず考えにくい。それでも，予想外のインフレーションが起きれば，貨幣保有にもリスクが生じる。しかし，資産価格の変動は，平均的な財・サービスの価格変化であるインフレ率の変動よりもはるかに大きい。したがって，貨幣保有のほうが蓄積手段としては相対的に安全といえる。

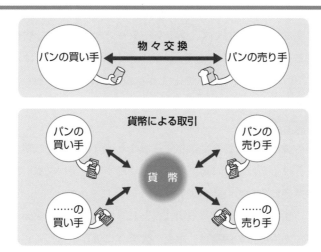

図7-1　貨幣の機能：交換手段

コラム　バ ブ ル

バブルとは，経済合理的な要因で説明できない資産価格の変動を意味する。地価が大きく変動しても，それに経済的な裏づけがあれば，そのような価格変動はバブルではない。たとえば地価の上昇は，地代の将来の割引現在価値が上昇すれば，経済的に説明できる。これは，割引率である利子率の低下か，リスク・プレミアムの低下か，あるいは将来の地代の上昇を反映している。

バブルのうちで，経済学の枠組みで説明可能なバブルが，「合理的バブル」といわれる現象である。これは，資産価格が効率的市場仮説にもとづく理論価格と大きく乖離する可能性を，効率的市場の基本的な考え方に即して説明しようとするものである。

たとえば，当初の地価が理論価格と異なったとすると，地価が上昇を続けている限り，そのような地価の上昇は採算的に見合う上昇になる。合理的バブルでは，地価が短期的にこの合理的バブルの経路に沿って動いていると考える。しかし，地価が無限に上昇したり，無限に下落したりすることは永遠には続かないから，いつかは価格の修正が生じ，やがてバブルは破裂する。

　なお，インフレーションとは一般的な物価上昇が継続的に生じる現象である。これに対して，デフレーションとは一般的な物価下落が継続的に生じる現象である。わが国では1990年代までほぼ一貫してインフレーションを経験したが，21世紀にはいると，デフレーションも経験するようになった。

貨幣需要

　貨幣の機能を①交換を効率化する機能と②資産を安全に蓄積する機能に分けると，それに応じて，貨幣に対する需要は①**取引需要**と②**資産需要**に分けられる（表7-1）。

　まず，貨幣経済での市場取引に使われる貨幣に対する需要が，取引需要である。この需要は，取引の大きさに依存する。これは，経済全体での生産活動の大きさに対応しているから，取引需要も国内総生産（あるいは国民所得）に対応している。一国全体の経済活動が活発になれば，取引の大きさも増大する。

　また，貨幣を保有することは利子収益を手に入れることを犠牲にするので，機会費用として利子収入分の費用が発生する。したがって，利子率が上昇すれば，取引需要としての貨幣保有が減少する。

　次に，資産保有の機能に対応する**貨幣需要**（＝資産需要）を定式化する。これが，ケインズによって**流動性選好仮説**として分析されたものである。今，債券を持つか，貨幣を持つかという選択を想定しよう。債券を持てば利子を稼ぐことができるが，債券価格の変動によるリスクもある。すなわち，債券価格の高いときに買って低いときに売れば，いくら利子を稼いでも売買価格差による損失（資本損失＝**キャピタル・ロス**）が大きく，結果として損をすることもある。したがって，債券を保有する場合には，将来の債券価格の予想が問題となる。

表7-1　貨幣需要

交換を効率化する機能 ：取引需要	所得の増加関数：経済活動が活発化すれば，取引のための貨幣需要も増加
資産を安全に蓄積する機能 ：資産需要	利子率の減少関数：貨幣は利子を生まないので，利子率が上昇すれば貨幣需要は減少

コラム　貨幣と債券

　貨幣は利子を生まない資産である。これに対して，債券や株式などの金融資産，土地のような実物資産が，保有期間に応じて利子，配当，地代などの収益を上げる。たとえば，債券を保有すれば毎期約束された金利で利子を受け取ることもできるし，満期がくれば約束された金額（額面）でそれを換金する（償還する）こともできる。しかし，債券を満期以前に換金する際には，額面で売却できる保障はないし，また，債券の発行元が倒産すれば，満期がきてもそれを額面価格で換金できないかもしれない。

　債券や実物資産の保有には不確実性（将来，満期以前に現金化する際にどれだけ収益を確保できるかが不確実になるリスク）がある。土地を売却しようとしても，購入相手を見つけるのは困難である。株式の場合には株式市場での売却自体は簡単であるが，購入価格以下の価格でしか売れないかもしれない。

表7-2　貨幣と債券の違い

貨　幣	債　券
安全資産	危険資産
利子なし	利子あり
取引にも使用	資産の蓄積手段

　将来の債券価格に関する予想は人々の間で異なる。しかし，利子率が高くなれば貨幣保有の機会費用が増加する点は，取引動機と同じである。したがって，資産需要からみても，利子率が高いときには貨幣需要は小さく，逆に，利子率が低いときには貨幣需要は大きい。貨幣の資産需要は利子率の減少関数となる。

　貨幣の取引需要は，主として国民所得の増加関数であるから，結局，貨幣需要は利子率の減少関数であるとともに，国民所得の増加関数になる。

● 金融取引と金融機関

金融取引の特徴

　金融とは，企業などの資金不足の経済主体に対して家計などの資金余剰の経済主体から資金を融通することである。**金融取引**では，貸し手の将来の返済可能性が重要なポイントになる。

　金融取引では，借り手がどの程度のリスクでその資金を利用しようとしているのか，貸し手にはよくわからない。借り手は自分の投資活動であるから，どの程度のリスクでどの程度の採算性があるのか，ある程度は予想できる。借り手のほうが多くの情報をもっており，それが貸し手にとってよくわからない点で，情報の非対称性がある。

　このとき，借り手が正直に投資のリスクと採算に関する情報を貸し手に開示すれば，貸し手はそれを参考にして，どれだけの資金を供給するかを決めることができる。貸し手は，リスクの高い借り手には高い金利を要求し，リスクの低い借り手には低い金利で資金を供給する。リスクが高ければ，場合によっては貸した金が全額返済されないかもしれない。そうした貸し倒れの可能性を考慮すると，

コラム　デジタル経済と通貨

　現代経済ではデジタル化が急速に進み，キャッシュレス決済も年々普及・利用額が拡大している。キャッシュレス決済では，お札や小銭などの現金を使用せずにお金を払うことになる。その決済手段には，クレジットカード，デビットカード，電子マネー（プリペイド）やスマートフォン決済など，さまざまな手段がある。経済産業省の推計によると，現金志向の強かったわが国でも2023年のキャッシュレス決済比率は堅調に上昇し，39.3％（126.7兆円）となった。その分子の内訳は，クレジットカードが83.5％（105.7兆円），デビットカードが2.9％（3.7兆円），電子マネーが5.1％（6.4兆円），コード決済が8.6％（10.9兆円）でした。

　こうした社会の変化を受けて，現金ではなく通貨もデジタル化しようという議論が現実味を増してきた。中央銀行は，支払決済手段として銀行券を供給しているが，これをデジタル化するという議論である。中央銀行のデジタル通貨とは，（1）デジタル化され，（2）円などの法定通貨建てであり，（3）中央銀行の債務として発行されるという3つの条件を満たす通貨である。

　デジタル通貨であるデジタル円を日本銀行が発行しても，金融政策の手段や効果は，これまで通常の通貨を発行している場合と基本的に相違はない。ただし，デジタル環境では国がお金の流れをすべて把握することが可能となるため，脱税や非合法取引などの不正を防止するのに役立つだろう。他方で，匿名性が失われるから，プライバシー侵害への不安もある。また，デジタル円は電子的記録であるため，サイバー攻撃やデータ改ざんにさらされる懸念も生じる。こうしたことから，企業や家計がデジタル円の利用をためらうことも考えられる。

　現在，各国の中央銀行の多くが，デジタル通貨に対して何らかの取り組みをしている。すでにデジタル通貨を発行している国もあり，中国やEUでは導入に向けた積極的な準備を進めている。わが国も実際に導入するかどうかは別としても，世界の変化に後れをとらないためにも，デジタル円の導入に向けた検討は必要だろう。

　ところで，わが国では交通系や流通系のICカード，QRコード決済サービスなど電子マネーが多数存在し，それらに互換性がないことが課題である。デジタル通貨を導入する前提として，民間での各種電子マネーの標準化や統合も進めるべきである。

高い金利を設定してはじめて，よりリスクの大きい借り手も資金を借りられる。貸すほうでも，多少のリスクはあっても高い金利で資金を運用したいと考える人もいる。リスクに応じて金利が調整されることで，さまざまな貸し手から借り手に資金が円滑に流れることになる。

　しかし，借り手は低い金利で資金を供給してもらうのが常に望ましいから，投資のリスクと採算の情報を貸し手に正直に開示する動機はない。借り手はリスクを隠してでも，自分の投資は安全であるから低い金利で貸してほしいと，借り手に要求するバイアスをもつ。したがって，貸し手が主体的な判断で，借り手の支払い能力や支払い努力に関する情報を的確に審査・分析・評価することが必要になる。これが，金融仲介における情報の**生産活動**である。

金融の機能

　金融取引においては，取引相手を見つけて取引条件で合意に達するまでに，審査・監視活動などにコストがかかる。こうしたコストのために，最終的な貸し手である家計と最終的な借り手である企業とが直接取引を行う場合よりも，専門的な金融仲介業者を通して取引するほうが，効率的である。このように，金融仲介のもっとも基本的な機能は，金融取引にかかわる取引コストの削減や節約を通じて，金融取引を円滑にさせる点にある。

　とくに，情報の生産に関しては，①規模の経済（規模が大きくなるほど，追加的な費用が減少して，平均費用が減少する）と②範囲の経済（複数のサービスを生産する場合，それぞれを単独に生産するよりも，同時に結合して生産するほうが費用を節約できる）がある。

　また，**資産変換機能**と呼ばれるより広義な金融取引も重要である。すなわち，家計と企業との間でリスクに対する選好が相違する場合，

コラム　金融市場の安定化

　2008年秋にアメリカの金融不安が顕在化し，世界同時不況が発生した。これはアメリカでの低所得者向けの住宅ローン（サブプライム・ローン）の債券市場で金融不安が表面化したことを発端に，アメリカを中心とする世界中の金融市場が混乱し，金融機能が不全となり，実体経済にも大きな悪影響を与えたものである（図7-2）。

　金融商品が複雑化，高度化すると，リスクに対する情報が投資家に十分に理解されないまま，金融取引が拡大する傾向が生じる。金融市場では取引する情報の信頼性が最大の前提である。金融商品の信用リスクがきちんと開示されて，それに見合ったリスクを折り込んだ金利や条件で，資金の仲介が行われる。

　いったん金融不安が広まると，金融商品の信用リスクが共有されず，市場関係者が疑心暗鬼になる。その結果，本来健全な経営をしていた企業が必要な資金を調達できずに倒産したり，株価が大きく下落して，ますます信用不安が加速したりする。デリバティブなど金融商品が複雑になり，また，国際化が進展して，世界中の市場が相互依存関係を深めている今日，こうした信用不安がひとたび顕在化すると，そのショックは大きい。

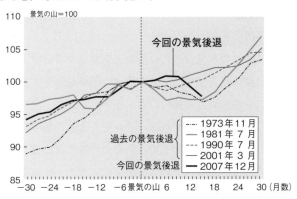

図7-2　**世界同時不況下のアメリカ経済の景気後退**

実質経済成長率の変化を表したもの。（2007年12月が景気の山。）過去の景気後退と比較しても同等かそれを上回るものとなっている。
　　　（出所）　内閣府「世界経済の潮流 2009年Ⅰ」

資金の供給者からその主体に都合のよい金融手段を受け取り，それを資金の需要者の都合のよい金融手段に変換して供給する働きが，金融仲介における資産変換機能である。

　たとえば，家計は短期で資金を運用したいが，企業は長期で資金を調達したいと考えているとしよう。**金融機関**（**コラム**参照）の主要な業務は，短期の資金を家計から借り入れ，長期の資金として企業に貸し出すことである。期間の異なる資金を直接家計が企業に供給することはできないが，金融機関を仲介させることで，期間の調整を図ることが可能になり，円滑に資金が融通する。

　金融機関は，リスクの起こり方の異なるさまざまな投資先に分散投資することで，平均的には安定した収益を稼ぐことができる。このような**リスク分散機能**は，金融機関を通じて，多くの貸し手の資金をさまざまな投資先に的確に分散することで可能となる。

● 企業と金融

株主と債券の投資家

　企業は株式や社債を発行して投資資金を調達する。株主は有限責任であり，企業の投資が失敗しても株式の価格が低下する（最悪の場合はゼロになる）以外の責任はとらない。しかし，投資が予想外にうまくいって利益が増大すれば，それをもとに多額の配当に参加することができる。これに対して，債券の投資者は投資がうまくいっても，規定の債券利率以上の収益を手にすることはできない。しかし，投資が失敗すれば，債券を全額回収することは困難である。

　したがって，株主は投資のリスクに対してかなり強い態度をとり，リスクはあっても高収益が見込まれる投資を望む。これに対して，債券の投資者は投資のリスクに慎重であり，リスクの少ない安全な

コラム　金　融　機　関

　金融取引に伴って借り手は返済の義務を負う。これを金融負債という。また，貸し手が保有する資金の請求権は，金融資産である。このような債権・債務の関係を表す証券や株式などが金融商品であり，それが取引される市場が金融市場である。

　金融仲介の専門機関は，大きく分けると，①銀行，保険会社などの金融仲介機関，②証券業者に大別される。①を通じる資金の流れは「間接金融」，②を通じる資金の流れは「直接金融」と呼ばれる。

　銀行など狭義の金融仲介機関の場合は，預金証書，保険証書などに代表される間接証券の発行を通じて預金者（家計）から調達した資金により，最終的な借り手（企業）に資金を供給する。これに対して，証券業者は，株式，債券など最終的な借り手（企業）が発行する証券（本源的証券）を，貸し手（投資家）に販売している。したがって，このケースでは，本源的な証券の取得に伴うリスクは，証券業者ではなく最終的な貸し手（投資家）が負担する。

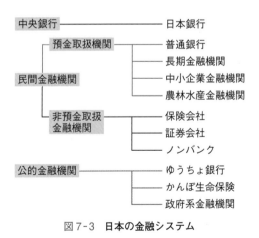

図7-3　**日本の金融システム**

投資先を望む。株主と債券の投資者の間で，投資に対する考えは必ずしも同じではない。こうした点を考慮して，企業は的確に株式発行と社債発行の組合せを選択する必要がある。

ストック・オプション

ストック・オプションとは，ある一定の価格で自社株を購入する権利を企業の従業員に与えることである。たとえば，1株100円で，自社株を1万株購入する権利を与えたとしよう。その企業の株が将来上昇して，1株1000円になれば，その従業員は1万株を100万円で購入して，1000万円で売却できるから，このストック・オプションの権利を行使すると，900万円の利益を上げることができる。

将来自社株が上昇すると，従業員にとって自らの利益につながるので，こうした制度は，企業の業績を上げるように勤労意欲を高める効果をもっている。また，企業にとっても，当初は資金を必要としないで，有能な従業員を確保することができる。成長が見込まれる企業にとって，ストック・オプションの制度は有能な人材を確保する手段となっている。

● 金融商品

金融資産の分類

金融資産は，大きく分けて，機能，収益の予見性，発生形態，取引形態の4つの観点から分類される（**表7-3**）。

まず第1に，金融資産はその機能によって，**決済勘定資産**と**投資勘定資産**に大別される。決済勘定資産は，各種の経済取引の決済に利用される金融資産であり，流動性は高いが収益性は低い。現金や要求払い預金（いつでも引き出し可能な預金）がその代表例である。これに対して，決済勘定資産以外のすべての金融資産は，投資勘定

コラム　ビットコイン

　仮想通貨として，「ビットコイン」がよく知られている。ビットコインとは，既存通貨のように紙幣を中央銀行が発行するのではなく，ある数式を解いてコインを「採掘」していくというデジタルを駆使した仮想通貨である。発行量が増えるほど数式は複雑になり採掘しづらくなる。そしてある一定量以上は発行できなくして，通貨の価値が安定するよう工夫されている。

　ビットコインが生まれた2009年ごろはほとんど注目されなかったが，2013年初めにビットコイン1単位が14ドルになり，その後取引が拡大した。ビットコインが大きく注目されたきっかけは2013年のキプロスの金融危機である。同国政府が銀行預金への課税を決め，資産の逃げ場としてビットコインを選ぶ動きが相次ぎ，EU通貨危機，ユーロ不安も手伝って，一気に240ドル前後まで高騰した。「投機マネー」が流入し，高騰と暴落を繰り返す状況は，典型的なバブル現象のようであった。

　ビットコインはネットを介して瞬時に送金可能で，手数料もかからず，規制に縛られない利便性がある。さらに，銀行などに足がつかずに金銭をやりとりできるため，犯罪に関わる資金をビットコインを介在して送金しあえば，マネーロンダリングも難しくない。しかし，通貨とビットコインを交換するのは民間の専門取引所であり，その経営が破綻すれば，ビットコインを通貨に戻せなくなるリスクがある。ビットコインの本物と偽物を区別することも困難である。

　それでも，ビットコインなどの仮想通貨は「貨幣の機能」を持つため，有力な決済手段の一つになってきた。ビットコインに限らず，金融とIT（情報技術）を融合したフィンテックの発展で，仮想通貨という新しい利用手段が注目されている。仮想通貨は急速に普及しているが，消費者保護が重要な課題であり，取引の安全性を高めるために一定の規制も必要だろう。

資産に分類される。定期性預金，信託，債券，株式などがこれに該当する。

第2に，収益の予見性の観点からは，収益が確定しておりリスクがゼロの**安全資産**と，収益が不安定な**危険資産**に大別される。決済勘定資産は安全資産であり，投資勘定資産の中でも定期性預金は安全資産に分類される。その他の投資勘定資産は危険資産である。

第3に，金融資産は，最終的な資金の貸し手と借り手の間に介在する金融仲介機関の負債として供給される**間接証券**と，最終的な資金の借り手が供給する**本源的証券**あるいは**直接証券**に分けられる。

最後に，取引形態における分類として，転売に制限がある**相対取引型資産**と，不特定多数の投資家を対象に転売可能な金融資産である**市場取引型資産**に分けられる。

図7-4に各国の家計の金融資産構成比を示した。わが国は，欧米諸国と比較して，株式・投信の比重が小さく，現金・預貯金での比重が大きい。わが国の家計はリスク回避的な資産運用をしている。高齢者がリスク回避的な資産運用をするのはもっともらしいが，経済の活性化には株式などリスク資産の運用を進めることも有益である。

デリバティブ

デリバティブ（派生商品）と呼ばれる新しい金融手段は，証券や通貨から派生する金融取引である（**表7-4**）。この取引は証券価格あるいは金利や通貨為替レートの変動から企業のリスクを守るため，また，市場の動きを予想して儲けるために用いられる。

たとえば，内外市場を対象とした金利裁定取引，通貨・金利スワップを用いての資金調達コストの確定や引き下げ，市場リスク・ヘッジのための外国為替，金利，株価などの先物・オプションの売買などである。

表7-3　金融資産の分類

機　能	決 済 勘 定 資 産		投 資 勘 定 資 産			
予 見 性	安 全 資 産				危 険 資 産	
発生形態	間 接 証 券				本 源 的 証 券	
取引形態	市場取引型	相 対 取 引 型			市場取引型	相対取引型
金融資産の具体的例示	現金	要求払預金	定期性預金，CD，貸付信託，保険	証券投資信託，外資預金，変額保険	債券，株式，CP	縁故債券

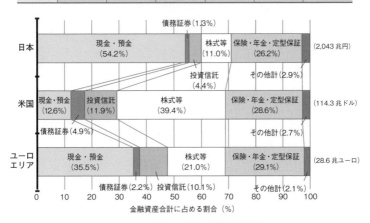

図7-4　各国の家計金融資産構成比
（出所）　日本銀行調査統計局『資金循環の日米欧比較』2023年8月25日
（注）　「その他計」は，金融資産合計から，「現金・預金」，「債務証券」，「投資信託」，「株式等」，「保険・年金・定型保証」を控除した残差。

表7-4　新しい金融手段

デリバティブ	証券や通貨から派生するさまざまな技術的な手法を用いた取引
スワップ	同額の直物（現時点の取引）と先物（将来時点の取引）の売りと買いを組み合わせて行う取引
先　物	将来の特定日に対価を受け渡しする約束を，現時点で行う取引
オプション	特定の商品を特定の期間または期日に，特定の価格（権利行使価格）で買う権利（コール・オプション）または売る権利（プット・オプション）を売買する取引

● 本章のまとめ

　貨幣の基本的な機能は，財と財との交換を円滑にすることにある。また，貨幣は，資産蓄積のために保有される。資金の余剰な主体から資金の不足している主体への資金が融通される。貨幣に対する需要は取引需要と資産需要に分けられる。貨幣需要は利子率の減少関数であるとともに，国民所得の増加関数である。

　金融とは，企業などの資金不足の経済主体に対して家計などの資金余剰の経済主体から資金を融通することである。金融取引では，貸し手の将来の返済可能性が重要なポイントになる。金融取引に伴って借り手は返済の義務（金融負債）を負う。また，貸し手が保有する資金の請求権は，金融資産である。債権・債務の関係を表す証券や株式などが金融商品であり，それが取引される市場が金融市場である。

　金融仲介の専門機関は，銀行，保険会社などの金融仲介機関，証券業者に大別される。前者を通じる資金の流れは「間接金融」，後者を通じる資金の流れは「直接金融」と呼ばれる。金融資産は，機能，収益の予見性，発生形態，取引形態の4つの観点から分類される。

第 **8** 章
マクロ市場

GDP の概念 □

GDP の決定 □

IS–LM モデル □

● GDPの概念

GDP

　国民経済の活動を全体的に分析するのがマクロ経済学の課題である。国民経済全体の活動がどの程度活発であるのかを判断する指標として，**国内総生産**（GDP）はもっとも有益である（**コラム**参照）。

　ある国の国内総生産は，ある一定期間（たとえば1年間）にその国で新しく生産された財やサービスの**付加価値**の合計である。付加価値とは，生産者が生産活動によってつくり出した生産額から，その企業などの生産者が購入した原材料や燃料などの中間投入物を差し引いたものである。国内総生産は，ある一定の期間のうちにどの程度国民経済にとって利用可能な資源が増加したかを示す。したがって，それぞれの経済主体がその生産活動によって，新しくつけ加えた価値のみが対象となり，単純にそれぞれの企業の生産額を合計したものではない。

　たとえば，あるパソコンのソフトウエア企業が1年間に材料費を1億円，パソコンを1億円投入して，4億円のソフトを売り上げるとしよう。この企業の付加価値は，4 − 1 − 1 = 2億円になる。4億円の売上があっても，そのうちの2億円はすでに他の企業で生産されていたものであるから，新しく生み出されたものではない。他の企業の生産物に新しく人を投入して，ソフトという新しい生産物をつくり出すことで，この企業は2億円だけ経済全体の生産活動を増加させたと考えることができる。

　GDPはある一定期間という**フロー**の概念である。わが国は1960年代から高度成長の時代に入り，1970年代前半まで毎年の国内総生産が10％を超えるスピードで上昇したが，1990年代以降は成長のスピードは大きく下落し，マイナスの成長率になったこともある。

コラム　GDPとは何か？

　付加価値を合計するときには，①純額で計算するのか，②粗の額で計算するのかの2通りがある。純額で計算する場合には，生産に使われる機械などの資本ストックに対する減耗分を控除する。生産に資本設備を使うと，それだけ磨耗し，資本の価値が減少する。その分だけ経済全体にとっての利用可能な資源が減少するから，付加価値をネット（正味）で合計をするときには，資本の減耗分を差し引く。国内総生産をある一定の期間につくられた経済的な価値の合計と考えると，純額で合計するほうがもっともらしい。

　しかし，資本が実際にどれだけ経済的に減価したかを客観的に推計するのは，困難である。いったん生産活動に投入された資本設備は，市場で取引されることがあまりなく，減耗の経済的な大きさは客観的に評価しにくい。

　一般に，国内総生産（GDP）という場合には粗の額で，また，国内純生産（NDP）という場合には，何らかの間接的方法で減価を差し引いて純額で測っている。

表 8-1　**GDP の意味**

GDP に 含まれるもの	付加価値（生産物－中間投入物）：市場価格で計測 政府支出：かかった費用で計測 自家消費，帰属家賃：推計
GDP に 含まれないもの	家庭内での家事労働 地下経済の非合法活動 公害などの経済活動

総じて経済大国になったとはいえ，生活関連資本の蓄積（＝ストック）をみると，住宅など遅れているストックも多い。フローとストックの概念を区別するのは重要である。

GDPに含まれないもの

　市場で取引されないために，国内総生産を測る際に問題となるものも多い。資本の減耗の場合には純額を間接的に計算しているが，推定できないという理由で国内総生産から除外されているものもある。たとえば，市場で取引されない家庭内での掃除，洗濯，料理などの家事労働サービスがその代表例である。家事代行業者に頼んだりして，実際にお金が取引されれば，その金額から家事サービスを測定することはできる。しかし，家庭内でのすべての家事サービスを金銭的に適切な評価をして，GDPの算定に加えるのは，難しい。

三面等価の原則

　マクロ経済モデルのもっとも基本的なケインズ・モデルを用いて，マクロ財市場において国民所得（＝GDP）がどう決定されるか説明する。ケインズ経済学の基本的な考え方は有効需要の原理である。

　国内総生産は生産における付加価値の合計であるが，生産されたものは，誰かに分配され，誰かの所得になっているし，何らかの形で使われる。国民所得，あるいは，国内総生産を計測するときに，三面等価の原則が成立する。三面等価の原則とは，国内総生産あるいは国民所得を生産面からみても，分配面からみても，支出面からみても，すべて等しいことを意味する。

　三面等価の原則はあくまでも，ある一定期間の経済活動が終了した事後的な統計上の関係であって，ある時点で新しく経済活動を始める際の事前的な意味で，すなわち，個々の企業や家計の意思決定のレベルで，常に均衡が成立しているわけではない。企業の財の望

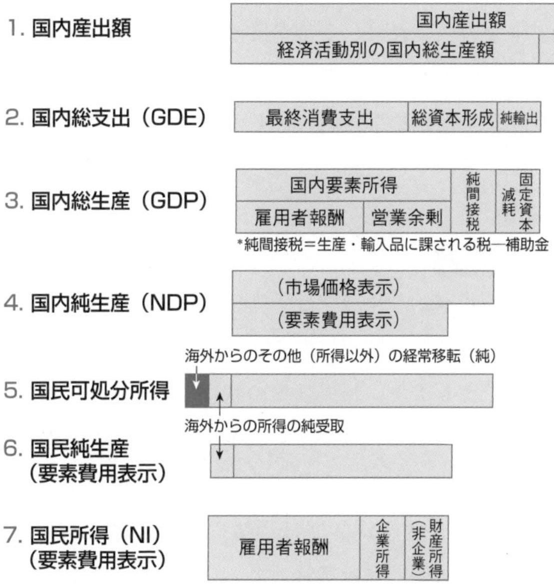

	国内産出額	
1. 国内産出額	経済活動別の国内総生産額	中間投入額

2. 国内総支出（GDE）	最終消費支出	総資本形成	純輸出

3. 国内総生産（GDP）

国内要素所得		純間接税	固定資本減耗
雇用者報酬	営業余剰		

*純間接税＝生産・輸入品に課される税—補助金

4. 国内純生産（NDP）

（市場価格表示）
（要素費用表示）

海外からのその他（所得以外）の経常移転（純）

5. 国民可処分所得

海外からの所得の純受取

6. 国民純生産（要素費用表示）

7. 国民所得（NI）（要素費用表示）

雇用者報酬	企業所得	財産所得（非企業）

図 8-1　**国民所得の相互概念**

（出所）　内閣府ウェブページ「基礎から分かる国民経済計算」
http://www.esri.cao.go.jp/jp/sna/seibi/kouhou/93kiso/93snapamph/chapter1.html

表 8-2　**所得の概念**

国民総生産（GNP）	一国の居住者が稼いだ付加価値の合計。日本人が外国で稼いだ所得は日本のGNPに含む。外国人が日本で稼いだ所得は日本のGNPには含まない。
国内総生産（GDP）	一国の国内で産み出された付加価値の合計。外国人が日本で稼いだ所得は日本のGDPに含む。日本人が外国で稼いだ所得は日本のGDPには含まない。最近の国際比較では，GDPのほうがGNPよりも用いられている。
国民純生産（NNP）	GNP －固定資本減耗
国民所得（NI）	NNP －（間接税－補助金）

ましい供給水準と家計の財に対する望ましい需要水準は，常に一致しているわけではない。これは，企業が計画どおりに販売できなかったものを在庫品の増加として，意図せざる在庫投資の形で投資に含めることで，貯蓄と投資を事後的に等しくさせているものである。

● GDPの決定

需要とケインズ経済学

　ケインズ経済学の基本的な立場では，需要と供給のギャップを調整するものが，価格ではなく数量である。すなわち，財市場において需要のほうが供給より少ない超過供給の状態にあるとしよう。企業の生産物があまり売れず，在庫が多くある。ここで需要が増加すれば，それだけ生産も増加する。企業にとって生産の拡大が望ましくなる。つまり，ケインズ経済学では価格の調整スピードが遅く，需要と供給の調整は，短期的には数量，とくに需要に応じた生産の調整によると考えている。

　これは，生産能力に余裕があり，現在の価格水準のもとで，需要があるだけ生産するのが企業にとって採算上有利である状況を想定している。したがって，ケインズ経済学では，財市場において総需要がどう決まるかが最大の問題となる。これは，価格の調整スピードが短期的に遅く，また，企業の生産能力が余っている不況期にあてはまる。1930年代の大不況を背景としてケインズ経済学が生まれてきたことを考えると，自然な発想であったといえよう。

国民所得の決定

　財市場における総需要Aは，消費Cと投資Iと政府支出Gの合計で与えられる。

コラム　45度線のモデル

　　国民所得の決定メカニズムを，図で考えてみよう。図8-2は，縦軸に総需要Aを，また，横軸に生産量である国民所得Yを表したものである。45度線は$Y=A$で与えられる財市場の均衡条件を，また，AA線は総需要線を示している。上述したように，AA線は右上がりであり，その傾き（＝限界消費性向）cは1より小さい。このAA線が45度線と交わる点Eが，財市場の均衡点である。点Eで総需要は供給と等しくなる。

　　AA線は，45度線よりその傾きが小さくなっている。これは，限界消費性向cが1より小さいためである。したがって，両曲線の交点で与えられる均衡点Eは，必ず1つだけ存在する。点Eの右側では$A<Y$であり，総需要より総供給のほうが上回る超過供給の状態にあるから，意図せざる在庫が発生する。企業は売れない在庫を抱えるよりは生産量を縮小させるため，最終的に点Eまで生産を縮小して，ちょうど需要に見合った生産が可能となる。逆に，点Eの左側では$A>Y$となっている。企業は需要があるだけ生産を拡大するのが有利だから，生産量は増加し，点Eまで生産が拡大して，財市場が均衡する。

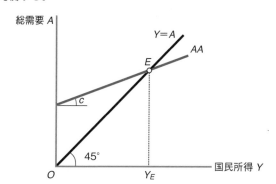

図8-2　国民所得の決定

AA線は消費と投資と政府支出からなる総需要を示し，$Y=A$線は45度線である。両曲線の交点で，財市場は均衡しており，総需要に見合った国民所得が生産される。

$$A = C + I + G$$

　第2章で説明したように，消費Cは国民所得Y（= GDP）の増加関数である。単純化のために，本節では投資はある水準で変化しないと想定する。政府支出は政策的に決定される。したがって，総需要AもYの増加関数となる。また，所得が1単位増加するときに総需要が何単位増加するか，その比率$\dfrac{\Delta A}{\Delta Y}$は，限界消費性向$\dfrac{\Delta C}{\Delta Y}$に等しい。第2章で説明したように，限界消費性向は1より小さいから，所得の増加ほど総需要は増加しない。

　財市場の均衡条件は，この総需要に等しいだけの生産が行われることである。

$$Y = A$$

　財に対する各経済主体（家計，企業，政府）の需要に見合うだけ生産が行われる。

● IS-LMモデル

貨幣の役割

　ケインズが1930年代に『一般理論』を公刊する以前に支配的な考え方であった古典派の経済学では，貨幣という名目変数は生産量や雇用量などの実質変数に影響を与えないという，貨幣の中立性が想定されていた。これに対して，ケインズ経済学では，貨幣は中立ではなく，実質的な経済変数に影響を与える。貨幣的側面と財市場の均衡とを同時に考慮するのが，マクロ経済学の標準的モデルとなっている*IS-LM*分析である。

コラム　GDPと経済厚生

　GDPは市場で取引される財・サービスがその対象であるから，市場で取引の対象とならない財・サービスは含まれない。また，経済活動によって環境が破壊されても，その損害額は考慮されない。

　1970年代に入って生活により密着した指標として，国民経済の福祉水準を数量化した国民純福祉（国民福祉指標；NNW）や経済福祉指標（MEW）などが提唱されてきた。具体的には，国民総生産から環境破壊などマイナス面のコストを差し引き，市場で評価されていない家事労働や余暇を金銭面で評価して加えたものである。しかし，数量化が困難なため，十分には用いられていない。

　また，最近では経済的な豊かさの代表的な指標である所得とともに，持ち家比率や教育水準，公園などの社会的資本の整備状況などいくつかの分野別のランキングを用いて，各地方公共団体別の暮らしやすさの指数も作成されている。しかし，全体としてどういう評価基準が望ましいのかについて，一致した意見はない。

　限界はあるにせよ，GDPは市場の客観的な評価にもとづいているという点で，経済規模の大きさを示す指標としてもっとも有効なものである。

表8-3　**主要国の国内総生産（名目GDP）**

(単位：10億ドル)

国　名	2010年	2015年	2020年	2023年
アメリカ	15,048.98	18,295.00	21,322.93	27,357.83
中　国	6,033.83	11,113.51	14,862.56	17,662.04
ドイツ	3,402.44	3,357.93	3,884.62	4,457.37
日　本	5,759.07	4,444.93	5,055.59	4,212.94
インド	1,675.62	2,103.59	2,674.85	3,572.08

(出所)　International Monetary Fund, World Economic Outlook Database, April 2024
(注)　米ドル表示，暦年。

　今，国民所得は財市場のほうで決まるとして，さしあたって一定としよう。このとき貨幣市場での需要と供給を等しくさせるのは，利子率の調整である。図8-3は縦軸に利子率を，横軸に貨幣の需要と供給を示したものである。*MM*曲線は，貨幣に対する需要を表す。資産需要と利子率の間に負の関係があるから，利子率が上昇すれば貨幣需要は減少する。この右下がりの*MM*曲線は**流動性選好表**と呼ばれる。*MM*曲線のシフト・パラメータ（シフトを起こさせる外生変数）として，国民所得（＝GDP）が入っている。

　他方，貨幣の供給は政策変数であり，モデルの外で説明される外生変数であるから，簡単化のために，一定と考える。供給曲線*SS*は，利子率とは独立であり，垂直線となる。貨幣市場の均衡は，両曲線の交点*E*である。点*E*の上方では，貨幣に対する需要より貨幣の供給のほうが上回っており，貨幣市場が超過供給の状態にある。これを債券市場のほうからみると，債券に対する超過需要の状態にある。

　貨幣市場が超過供給で債券市場が超過需要であれば，利子率は低下し，債券の価格は上昇するだろう。利子率の低下は，貨幣市場で需要と供給が等しくなる点*E*まで続く。逆に，点*E*の下方では，貨幣の需要が供給を上回る超過需要の状態にある。このときは，債券の価格が低下し，利子率が上昇して，均衡点*E*が実現する。

IS-LM分析

　前節の国民所得の決定理論では，利子率（あるいは投資）を所与として財市場で需給が一致するように国民所得が決まること，また，国民所得を所与として貨幣市場で需給が一致するように利子率が決まることを説明した。

　実際には財市場と貨幣市場とは完全に分離されているのではなく，互いに影響し合っている。国民所得（あるいは国内総生産）は，貨

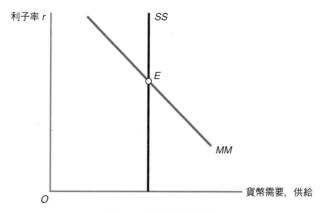

図8-3 貨幣市場の均衡

*MM*曲線は所得を一定とすれば，貨幣需要が利子率の減少関数であることを示す。*SS*曲線は，外生的に与えられる貨幣供給水準である。両曲線の交点 *E* で，ある所得水準のもとで貨幣市場を均衡させる利子率が求められる。

コラム　内生変数・外生変数

> 経済学では，理論的なモデルを用いて，現実の経済を描写している。このとき，そのモデルの中で説明される変数を**内生変数**，モデルの中では説明されない変数を**外生変数**と呼んでいる。したがって，どの変数が内生変数であり，外生変数であるかは，モデルによって異なる。本節で説明した45度線の乗数モデルを用いた有効需要の原理では，国民所得のみが内生変数であるが，ここで説明する*IS-LM*のモデルでは，国民所得と利子率が内生変数となる。

幣市場で決まる利子率の動向にも依存しているし，利子率も，財市場で決まる国民所得の動向にも影響される。投資需要を通して生じる両市場の相互依存関係を考慮することで，国民所得と利子率を同時に説明するのが，ケインズ経済学の標準的な理論的枠組みである，IS-LM分析である（表8-4）。

LM 曲線

　財市場においてGDP（均衡国民所得）が増加したとする。このとき，貨幣需要は同じ利子率の水準であっても（つまり資産需要が同じ水準であっても）取引需要が増加するため，全体として増加する。したがって，MM曲線は右へシフトしてMM'曲線となる。

　貨幣供給が変わらない限り，これに伴って均衡利子率は上昇する。GDPが増加すれば，貨幣市場において均衡利子率が上昇する，という関係が見出せる。この関係を，縦軸に利子率（r），横軸にGDP（Y）をとったグラフで示すと，貨幣市場の均衡状態における利子率とGDPの正の相関関係を表した曲線，すなわち，右上がりのLM曲線が得られる（図8-4）。貨幣市場では，最終的には需要と供給が均衡するまで，つまりLM曲線上の点に至るまで利子率rが調整される。

　LM曲線は，式で書くと次のようになる。

$$M = L(Y,\ r)$$

　ここで，Mは貨幣供給量，Lは貨幣需要量，Yは国民所得（GDP），rは利子率である。LはYの増加関数であり，rの減少関数である。

　貨幣供給Mはシフト・パラメータであり，金融当局が貨幣供給Mを変化させると，LM曲線はシフトする。すなわち，Mが拡大（縮小）すると，LM曲線は右下方（左上方）にシフトする（図8-

表 8-4 *IS-LM* 分析

	IS 曲線	*LM* 曲線
市 場	財市場	貨幣市場
定 義	財市場を均衡させる Y と r の組合せ	貨幣市場を均衡させる Y と r の組合せ
均衡条件式	$Y = C(Y) + I(r) + G$	$M = L(Y,\ r)$
傾 き	右下がり	右上がり
シフト・パラメータ	G（政府支出）	M（貨幣供給）
内生変数	Y（所得）と r（利子率）の同時決定	

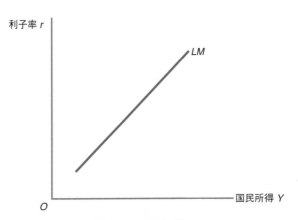

図 8-4 *L M* 曲 線

LM 曲線は，貨幣市場を均衡させる利子率と所得との組合せである。利子率が
上昇すれば，貨幣需要が縮小するが，貨幣市場がそのままでは超過供給になる。
貨幣市場の均衡を維持するには所得の拡大による貨幣需要の増大が必要とな
る。したがって，*LM* 曲線は右上がりである。

5）。

I S 曲 線

　企業は借り入れた資金に伴う利子率が低ければ，利子支払の負担が軽いので投資を増やそうとし，逆に利子率が高ければ投資を減らそうとする。すなわち，投資は，利子率と負の相関関係（減少関数）となる。式で書くと，次のようになる。

$$I = I(r)$$

　ここで，I は投資を，r は利子率を表す。I は r の減少関数となる。

　今，財市場で当初，利子率がある一定水準 r_A であり，これに応じた投資の水準が I_A であったとする。政府支出はある一定水準 G_A で変わらない。このときの均衡国民所得 Y^* を Y_A^* と表す。

　そこで，何らかの理由で利子率が r_A から r_B に上昇したとする。投資は利子率の減少関数だから，これに応じて投資は，I_A より少ない I_B に減少する。このとき，財市場における均衡国民所得は当初の均衡水準 Y_A^* よりも少なくなる。

　つまり，財市場において，利子率が上昇すると，投資が減少するため，均衡国民所得が減少する。この関係を，縦軸に利子率（r），横軸に GDP（Y）をとったグラフで示した右下がりの曲線，すなわち，財市場の均衡状態における利子率と GDP の負の相関関係を表した曲線を，*IS曲線*と呼ぶ（**図8-6**）。*IS*曲線は右下がりである。財市場では，最終的には需要と供給が均衡するまで，つまり *IS* 曲線上の点に至るまで Y が調整される。

　IS 曲線を式で表すと，次のように書ける。

$$Y = C(Y) + I(r) + G$$

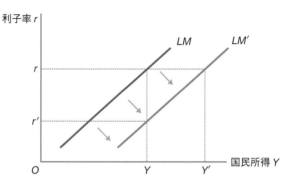

図 8-5　貨幣供給の増大

貨幣供給が政策的に増大すると，いままでの所得水準のもとでは貨幣の超過供給になる。貨幣市場の均衡を維持するには，利子率が下落して貨幣需要が拡大する必要がある。任意の所得に対して利子率の下落が必要になるから，*LM* 曲線全体が右下方にシフトする。

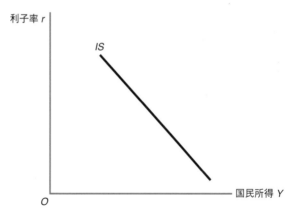

図 8-6　*I S* 曲 線

IS 曲線は，財市場を均衡させる所得と利子率の組合せを意味している。利子率が低下すれば，投資需要が拡大するから，財市場の均衡を維持するには生産も拡大する必要がある。したがって，*IS* 曲線は右下がりとなる。

　ここでYは国民所得（GDP），Cは民間消費，Iは投資，rは利子率，Gは政府支出である。CはYの増加関数であり，Iはrの減少関数である。

　政府支出Gが増加すると，IS曲線はシフトする（図8-7）。Gはシフト・パラメータである。

　以上をまとめると，貨幣市場の均衡を意味するLM曲線はMが一定のもとで貨幣市場を均衡させる（Y，r）の組合せを表し，財市場の均衡を意味するIS曲線はGが一定のもとで財市場を均衡させる（Y，r）の組合せを表す。

一般均衡モデル

　IS曲線とLM曲線の両方を用いて，財市場と貨幣市場の両方の均衡を考えてみよう。IS曲線が財市場の均衡を，また，LM曲線が貨幣市場の均衡を表している。両市場が同時に均衡するのは，両曲線の交点Eである。財市場と貨幣市場を同時に均衡させるように，国民所得と利子率が決定される。それに応じて，均衡での消費，投資，貨幣需要などのマクロ変数も決定される。IS曲線が右下がり，LM曲線が右上がりであるから，均衡点Eは1つしか存在しない（図8-8）。

失業の可能性

　国民所得が決まると，それに対応する雇用量も決まってくる。経済活動が活発な好況期には，国民所得も多くなるから，雇用量も増える。逆に，経済活動が低迷する不況期には，国民所得も小さく，雇用水準も小さい。

　ところで，家計の労働供給はほぼ一定と考えてよいだろう。労働を供給できる年齢の人口は短期的に一定である。もちろん，賃金が高いか低いかで働く意欲も異なるから，労働供給は短期的にも変化

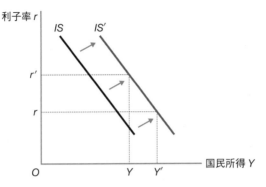

図8-7 **政府支出の拡大**

政府支出が政策的に拡大すると，いままでの利子率のもとでは総需要が拡大する。したがって，財市場の均衡を維持するには生産が増大する必要がある。同じ利子率のもとで所得の拡大が必要になることは，*IS* 曲線が右上方にシフトすることを意味する。

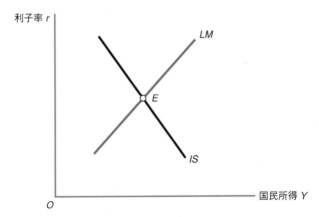

図8-8 *IS-LM* モデル

IS 曲線は，財市場を均衡させる所得と利子率の組合せを示す。*LM* 曲線は，貨幣市場を均衡させる所得と利子率の組合せを示す。両曲線の交点 *E* は，財市場と貨幣市場を同時に均衡させる利子率と所得の組合せを示す。

し得る。しかし，価格同様に賃金にも硬直性があり，短期的に賃金があまり変動しないと考えると，労働供給はさしあたって一定と見なせる。

　労働供給水準あるいは労働者を完全雇用して生産される GDP を**完全雇用 GDP** と呼ぶ。しかし，*IS* 曲線，*LM* 曲線の交点で求められる均衡 GDP が完全雇用 GDP に一致する保障はない。一般的に不況期では，均衡 GDP は完全雇用 GDP よりも小さい。そのギャップに相当する労働者が，働く意欲はあるにもかかわらず雇用されない非自発的失業者である。ケインズ経済学は，もっとも単純な枠組みで不況期に非自発的な失業が存在することを説明している。ケインズ経済学の主要な関心は，マクロの総需要を適切に管理することで，完全雇用 GDP を実現して，非自発的失業者を解消することである。

● 本章のまとめ

　ある国の国内総生産（GDP）は，ある一定期間（たとえば1年間）にその国で新しく生産された財やサービスの付加価値の合計である。市場で取引されないために，国内総生産を測る際に問題となるものも多い。国内総生産あるいは国民所得を生産面からみても，分配面からみても，支出面からみても，すべて等しい（三面等価の原則）。

　ケインズ経済学では，需要と供給とギャップを調整するものが，価格ではなく数量と考える。財市場の均衡条件は，この総需要に等しいだけの生産が行われることである。

　貨幣的側面と財市場の均衡とを同時に考慮するのが，*IS-LM* 分析である。*IS* 曲線が財市場の均衡を，*LM* 曲線が貨幣市場の均

コラム　派遣労働はなぜ低賃金なのか？

　派遣労働者は低賃金である上に，不景気になると簡単に解雇される。労働者としての地位が低く，2008年の金融危機のようにマクロ経済に大きなマイナスのショックがあると，まっさきに経済的弱者になってしまう。企業が利益を上げているのに，派遣労働者を解雇するのはけしからんと批判する議論がある。しかし，利益の分配を受けるのは，株主であって，派遣労働者ではない。派遣労働を雇用し続け，生産を拡大することで，利益が増加しないのであれば，雇用調整をするのは，企業として当然の処置である。感情論で派遣労働を禁止すると，雇用機会が失われて，結果として弱者も損をしてしまう。

　派遣労働がなぜ低賃金なのかという問いには，いくつかの説明が可能だろう。まず，「単純労働」に従事している点である。単純労働は誰でも同じ仕事をすることができるので，容易に参入が可能である。賃金が上昇すると，競争相手が多く現れる。したがって，なかなか賃上げを実現できない。とくに，国際化が進展すると，世界中の労働者が同じ単純労働を供給可能になる。日本で単純労働の賃金コストが上昇すると，労働コストの安い途上国の製品に太刀打ちできなくなり，結果的に日本企業の国際競争力が損なわれるので，日本の企業も単純労働の賃上げ要求を受け入れにくい。

　しかし，よりスキルを必要とする「熟練労働」で，かつ，世界の市場でニーズの大きな生産にかかわる場合には，派遣労働でも賃金の上昇を享受できる。ただし，熟練労働の場合，たとえば研究開発など，短期よりは長期の視点で生産に貢献する場合が多い。そうした職種は，長期的雇用を前提として長期の視点で働きぶりを評価するため，雇用の流動性が高い派遣労働にはなじまない。派遣労働の形態にとどまる限り，賃金上昇を長期的に享受するのは困難といえよう。

衡を表す。財市場と貨幣市場を同時に均衡させるように，国民所得と利子率が決定される。それに応じて，均衡での消費，投資，貨幣需要などのマクロ変数も決定される。IS曲線が右下がり，LM曲線が右上がりであるから，均衡点は1つしか存在しない。

　ケインズ経済学の主要な関心は，マクロの総需要を適切に管理することで，完全雇用GDPを実現して，非自発的失業者を解消することである。

第 **9** 章
マクロ政策

財政政策：財市場のモデル

　第8章のマクロ・モデルを前提として，総需要管理政策としての
マクロ政策の効果について考察しよう。最初に，景気対策として公
共事業などの政府支出が1兆円だけ増加したとしよう。これは何兆
円のGDPの拡大をもたらすだろうか。この大きさは**政府支出の乗
数効果**と呼ばれている。

　図9-1は，財市場のモデルを用いて**乗数メカニズム**を示したもの
である。縦軸に総需要$A = C + I + G$を，横軸に生産＝国民所得Y
をとっている。ここで，Cは消費，Iは投資，Gは政府支出である。
マクロ財市場の均衡条件は45度線（$Y = A$）上であり，総需要曲線
（$= C + I + G$）はAA線を意味する。

　政府支出の拡大によって，図ではAA線が1兆円だけ上方にシフ
トする。AA線は$G + I$のある一定値に対応して描かれているから，
$G + I$が変化すれば，別のAA線を描く必要がある。AA線をシフト
させる外生変数$G + I$は，シフト・パラメータである。当初の均衡
点Eから45度線上を右のほうに移動した点E'が，新しい均衡点で
ある。図に示すように，国民所得は増加する。**限界消費性向**（＝追
加的な1万円の所得の増加がどのくらいの消費の拡大をもたらすか，
その比率）cが大きいほど，乗数は大きく，1から限界消費性向を
引いた限界貯蓄性向の逆数$\dfrac{1}{1 - c}$で与えられる。この乗数は1より
も大きい。

　1兆円の外生的な政府支出の増加によって，限界貯蓄性向の逆数
の大きさだけ国民所得が増加する。まず1兆円の政府支出が増加し
た分だけ所得も増加し，それに誘発された消費が限界消費性向c円

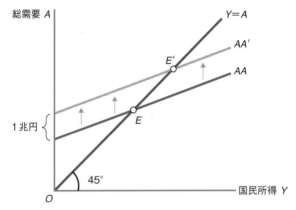

図9-1　乗　　数

累積的な需要拡大の合計は，$1+c+c^2+c^3+\cdots=\dfrac{1}{1-c}$ の大きさとなる。す

なわち，外生的に需要が1兆円だけ増加すると，国民所得は $\dfrac{1}{1-c}$ 兆円だけ増

加する。この限界貯蓄性向 $1-c$ の逆数値だけ，政府支出需要の外生的な変化
は増幅されて国民所得を増大させる。AA 曲線の傾きは限界消費性向 c の大き
さに対応しており，45度線の傾きよりは小さい。図からわかるように，AA 曲
線の傾き（限界消費性向）がより1に近くなるほど，乗数の値は大きくなる。

たとえば，限界消費性向 c が0.8であれば，限界貯蓄性向の逆数 $\dfrac{1}{1-c}$ は5と

なり，外生的な需要の5倍だけの所得増となる。1兆円の政府支出の増加は5
兆円の所得の増加を生み出す。

だけ増加する。この誘発された消費の増加は財市場では需要の増加となるから、さらに所得をc円だけ増加させる。そして、このc円の所得の追加的な増加により、それに限界消費性向を掛け合わせたc^2の大きさだけさらに消費が増加する。そして、これがまた所得を増加させ、さらに消費を拡大していく。

税制の自動安定化装置

乗数効果は、政府支出Gではなく民間投資Iが外生的に変化した場合でも、同様に成立する。なぜなら、投資需要が外生的に変動したとき、乗数倍だけ有効需要も変動するからである。外生的なショックが変動するとき、所得（＝生産活動）があまり大きく変動しないほうが、より安定的な体系になる。

所得税が組み込まれていると、そうでない場合よりも、乗数は小さくなる。これは、所得が増大しても、税負担が同時に増大することで消費の増大が少し相殺され、総需要の増大効果が小さくなるためである。これが税制の**自動安定化装置**（ビルト・イン・スタビライザー）である。

所得税、法人税などの税制以外にも、失業保険などの社会保障制度も同様の安定化効果をもっている。すなわち、景気が悪くなり失業者が増大すると、失業保険の給付も増加して、失業者の消費の落ち込みを最小限にとどめる。これは、景気の悪いときに消費を下支えして、さらに景気が悪化するのを緩和する効果をもっている。逆に、景気が良くなると失業者は減少するから、失業保険の給付も減少し、消費が拡大するのを抑制する。これは景気の過熱を抑制して、経済を安定化させる効果をもっている。

完全雇用財政赤字

財政収支は、政府の支出と税収との差額である。財政支出が税収

コラム　日本での乗数の大きさ

　わが国では，政府支出増加政策の効果を示す乗数の値が最近かなり小さくなっている。その理由としては，以下のいくつかの説明が考えられる。

（1）税率（＝租税負担率）が上昇しているので，所得が増加しても追加的な消費に向けられる割合が小さい。

（2）日本経済の国際化が進展して，輸入が増大しているので，所得が増加してもそのうちの一部が外国の財の購入（＝輸入）に向けられ，国内での需要を刺激する効果が小さい。

（3）変動為替レート制度のもとでは，景気が良くなると金利の上昇圧力が生まれるが，これは円高要因となり，日本の輸出を抑制し，輸入を刺激して，日本の総需要の拡大を相殺する方向に働く（マンデル=フレミング効果）。

（4）公共投資拡大の財源として公債を発行してまかなっているが，これが将来の増税の可能性を予想させて，消費よりは貯蓄意欲のほうを充実させようと家計が行動するので，追加的な消費の拡大効果が生じない（公債の中立命題）。

　したがって，需要サイドからの公共投資の拡大のメリットは小さくなっている。

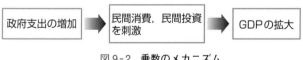

図9-2　乗数のメカニズム

を上回っていれば財政赤字であり，逆に，税収が政府支出を上回っていれば財政黒字である。マクロ経済運営では，完全雇用を達成するように総需要を管理することが重要な政策目標であって，必ずしも財政収支を均衡させる必要はない。

　完全雇用財政赤字とは，税制や政府支出構造が所与で変わらないとき，完全雇用水準で生産活動が行われたときの財政赤字である。つまり，現実の国民所得ではなく，完全雇用のもとでの国民所得でみた財政収支の大きさを問題としている（図9-3）。

減税の乗数効果

　次に，税金を政策的に1兆円減税する効果を調べてみよう。減税によっても総需要は増大する。なぜなら，減税の結果，可処分所得（税金を差し引いた後で家計が自由に処分できる所得）が拡大するために，消費が刺激されるからである。このとき減税乗数の値は，

$$\frac{c}{1-c}$$

となる。

　減税の場合には，可処分所得の増加が消費を刺激するという間接的な効果でしかない。1兆円の政府支出の増加は1兆円の総需要を直接増加させるが，1兆円の減税は1兆円だけ可処分所得を増加させても，消費は1兆円以下しか増加しない。したがって，1兆円の減税は，総需要を直接的にc兆円だけ増加させる点で，c兆円の政府支出の増加と同じ効果をもつことになる。減税の総需要拡大効果は，この分だけ政府支出増より小さくなる。

クラウディング・アウト効果

　次に，**IS-LM**の枠組みで**財政政策**の効果を考える。政府支出が増大して総需要も増加すると，利子率が上昇するので，投資需要が抑制される。これは，財市場で総需要を抑制する方向に働く。した

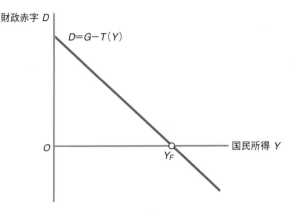

図 9-3　完全雇用財政赤字

政府支出 G は外生的に一定であるが，税収 T は所得水準 Y の増加関数である。Y が拡大すると税収が増加するので，財政赤字は小さくなる。完全雇用国民所得 Y_F のもとでの財政赤字を完全雇用財政赤字という。この図では，完全雇用財政赤字はゼロになっている。

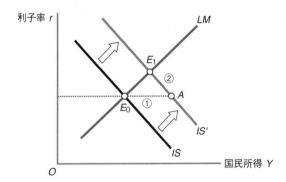

図 9-4　クラウディング・アウト効果①

政府支出の拡大による E_0 から E_1 への動きは，①E_0 から A への動きと，②A から E_1 への動きに分解して考えられる。E_0 から A への動きは，当初の利子率のままでの政府支出拡大の効果（乗数モデルの効果）を表し，A から E_1 への効果が利子率の上昇による投資抑制効果（クラウディング・アウト効果）を表す。

がって，利子率がまったく上昇しない場合より，政府支出乗数の値は小さくなる。図9-4で点Aは，利子率がもとの点E_0のままであるときの財市場の新しい均衡点を示している。これは政府支出増加の乗数の値 $\dfrac{1}{1-c}$ に対応している。

点Aから点E_1への動きは，利子率が上昇したために，投資需要が抑制される効果を反映している。財政政策の拡張効果は，利子率の上昇によって，部分的に相殺されて小さくなる。これは，政府支出の増加によって，部分的に民間投資が抑制される効果であるから，表9-1にまとめたように，政府支出の**クラウディング・アウト効果**（押し退け効果）と呼ばれる。IS曲線やLM曲線の傾きが極端な場合には，クラウディング・アウト効果がまったく発生しないか，あるいは完全に発生することもある。

● 財政赤字の経済的な意味

基礎的財政収支

わが国では，大量の公債発行が続いており，公債残高も累増している。政府はいくらまで借金をして公債を発行できるだろうか。家計の場合であれば，当初の借金残高が返済期間全体での収入と生活費との差額の合計額に一致する必要がある。つまり，返済期間全体で借金の返済に回せるお金の合計額分だけしか，当初借りることはできない。同様に，現在の財政運営を前提とした公債発行が将来返済可能であるためには，これから将来にかけて税収が政府支出を上回ることで，財政余剰（基礎的財政収支の黒字額）をつくって，それで公債残高に見合う返済金額を確保する必要がある。

ここで，利払費を除いた財政収支，すなわち，利払費を除いた歳

表9-1　クラウディング・アウト効果②

	意　味	乗　数
① r（利子率）一定での動き	投資需要が変化しないときの GDP に与える効果	$\dfrac{1}{1-c}$
② r（利子率）が上昇する動き	利率の上昇によって投資需要が減少する効果	マイナス

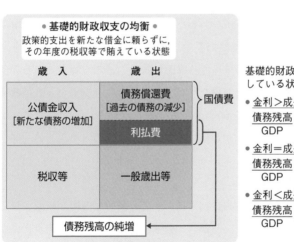

図9-5　基礎的財政収支（プライマリー・バランス）
（出所）　財務省ウェブページ「日本の財政を考える」

出と税収との比較で定義される「ネットの収支」を，**基礎的財政収支（プライマリー・バランス）**という（図9-5）。これは，公債の新規発行額－公債の利払費にも等しい。家計の例であれば，収入から生活費を差し引いたものが基礎的財政収支の黒字額になる。したがって，公債という借金を返済するには，まず，基礎的財政収支を黒字にする必要がある。

財政赤字と公債発行

　財政赤字は公債の発行によってまかなわれる。したがって，財政政策の効果をより深く分析するためには，公債の発行がもたらす経済的効果を検討しなければならない。

　いったん発行された公債は，いずれは償還される。わが国の法律では60年で償還すると定められている。したがって，当面は増税しないとしても，60年間の長い期間でみると，いずれは増税をせざるを得ない。公債を償還する財源は結局のところ税金である。現在世代が公債を発行して得た財源で何らかの政府支出なり減税政策を行ったその後始末を60年かけて処理している。したがって，現在世代の政策に直接かかわってこない将来世代の人々がその一部を負担することになる。

公債の中立命題

　公債発行によって将来世代に何らかの経済的な負担が転嫁されることは，常識であった。しかし，公債発行によっても将来世代になんら負担が転嫁されないとする主張（**公債の中立命題**）もある。

　公債発行と公債償還とが同一の世代に限定されているなら，ある一定の政府支出を公債発行と課税調達とでまかなうのは，どちらも現在価値でみて同じ税金を支払うから，まったく同じ経済効果をもつ。この議論は**リカードの中立命題**と呼ばれている（**コラム**参照）。

コラム　リカードの中立命題

　リカードの中立命題を表9-2の簡単な数値例を使って考えてみよう。政府支出を一定とし，今年1兆円の減税を実施し，その財源として公債を発行するとしよう。公債は，1年満期で来年に償還すると想定する。利子率を5％とすると，今年の1兆円の減税の代わりに，来年に1兆500億円だけ償還のために増税する。人々の税負担の総額（現在価値）はどう変化するだろうか。

　今年の減税と来年の増税とは，ちょうど相殺されてネットではゼロとなる。税負担の総額が変わらなければ，その人の長期的な可処分所得も変化せず，したがって，今年と来年の消費も変化しない。今年の減税政策によって今年の消費は刺激されず，また，来年の増税政策によっても来年の消費は変化しない。

　では，政府は1年後に公債を償還しないで，毎年毎年利子だけを支払い続けるとしよう。来年以降，政府は毎年500億円だけ利子を支払うから，その分だけ増税しなくてはならない。したがって，今年1兆円減税する代わりに，来年以降500億円だけ毎年増税が行われる。税負担の総額の現在価値を求めると，今度のケースでも，今年の減税と来年以降の増税とはちょうど同額になり，ネットの税負担はゼロとなる。

表9-2　税負担の現在価値

(単位：億円)

	今　年	来　年	再来年	現在価値
来年償還する場合	－10000	10500	0	0
償還しない場合	－10000	500	500	0

　ところで，公債の償還を先送りし，借換え債をどんどん発行して
いけば，現在の世代がいなくなってから現在の公債が償還される。
このとき公債を発行し，それを先送りする現在世代は償還のための
増税という負担を将来世代に転嫁できる。世代の枠を考慮すると，
リカードの中立命題は成立しない。

　この場合にも課税と公債の無差別を主張するのが，遺産による世
代間での自発的な再配分効果を考慮するバローの中立命題である。
親の世代が利他的な遺産動機をもつことで，子の効用＝経済状態に
も関心をもてば，その結果，子の子である孫の世代，さらに孫の子
であるひ孫の世代の効用にも関心をもつことになる。これは，結局
無限の先の世代のことまで間接的に関心をもつことを意味するから，
いくら公債の償還が先送りされても，人々は自らの生涯の間に償還
があるときと同じように行動する。公債をいつ償還するかは，利払
いのための増税をきちんと考慮にいれると，それほど重要なことで
はない。したがって，公債発行と償還のための課税が同一の世代の
枠を超えても，中立命題が成立する。

　しかし現実の世界で，中立命題が想定するように，現在世代が将
来世代の経済状態を考慮して，将来の増税に備えて，遺産を増加す
る行動が完全に行われるとも考えにくい。公債の負担は多少とも将
来世代に転嫁されるだろう。

世代会計

　ケインズ的な立場では，減税によってその年の可処分所得が増加
すれば，その年の消費は刺激され，限界消費性向を限界貯蓄性向で
割った値（これは1よりも大きい）だけの乗数効果が期待される。
公債の中立命題を主張する新古典派の立場では，公債発行は単に税
金を徴収するタイミングを将来に延期したのみであり，家計の長期

コラム　社会保障制度改革

　諸外国と比較して，わが国の社会保障制度は充実してきているが，①高齢世代への給付が中心であること，②弱者への救済という性格が強く，自助努力を引き出す工夫が乏しいこと，などの特徴がある。

　社会保障費の項目の中で，社会保険がもっとも大きく，高齢化を反映して長期的に上昇傾向にある。社会保険は，強制的な社会保険料の負担によってまかなわれる公的な相互補助制度である。これは，医療保険，公的年金，失業保険，労災保険の４つの項目に分類される。いくつかの医療保険は政府によって援助されている。たとえば，国民医療保険では，高齢者と低所得者の比率が大きく，政府による巨額の援助がなされている。

　日本の公的年金は，基礎年金と厚生年金の報酬比例部分の２階建てになっている。原則として，勤労世代が保険料を納付してそれを公的に積立金として運用し，老後にその積立金と運用益から給付を受けるという積立方式である。しかし，実体は勤労世代の保険料が同じ時期の老年世代の給付に回されるという賦課方式に限りなく近く，働いている世代がそのときの老年世代を支える仕組みであり，修正積立方式と呼ばれている。

　2004年の年金改革で，少子高齢化に合わせて年金額を抑える「マクロ経済スライド」が導入された。これは物価上昇率ほどには給付を増やさないことで実質的に年金額を抑えるものである。同時に，勤労世代の保険料が一定以上には上がらないようにした。また，５年毎に，年金制度が維持可能かどうかの検証（財政検証）を行っている。

的な可処分所得に何の影響もないので，消費は刺激されず，乗数は
ゼロになる。

　どちらの立場がもっともらしいだろうか。減税の財源が公債発行
でまかなわれるとしても，やがてはその公債を償還するために増税
が行われるのは確かである。将来の増税の可能性をまったく考慮し
ない議論は，非現実的であろう。同時に，現在の減税と将来の増税
とを完全に同じと見なす議論も，非現実的である。現在の確実な減
税と将来いつあるかわからない増税を同じに評価すると考えるのは，
極端である。

　現実的な想定は，自分の生涯の間に行われる増税と自分が死んだ
後に回される増税を区別して，自分が生きている間での増税だけを
家計が考慮するというものである。その場合，各世代別に，自分の
一生の間で政府からの受け取り（＝年金給付，補助金，公債の償還
金など）－政府への支払金（＝税負担，年金負担，公債の購入など）
で定義されるネットの負担の現在価値がどうであるのかが，家計に
とって重要になる。そのために，各世代別に財政政策によるネット
の損得勘定について現在価値を推計するのが，**世代会計**の考え方で
ある。

　世代会計は財政運営を世代別の損得勘定という視点からとらえ直
したものであり，財政制度や社会保障政策による世代間移転として
公債発行をとらえるべきであると主張している。財政赤字の中長期
的な動向とともに，世代会計の情報を補完的に用いることで，世代
間移転の公平，不公平に関する有益な議論ができるだろう。

コラム　給付付き税額控除

　減税は税負担を軽減する政策なので，納税者にだけ恩恵がある。これに対して，給付金は納税者に限定されずに，国民に補助金を支給する政策なので，納税していない人も恩恵を受ける。とくに，低所得者は可処分所得の多くを消費に回す（貯蓄する余裕がない）ので，給付金があるとそれをほとんど消費に回す。そのため，消費刺激効果も期待できるし，不況で生活に困窮している低所得の人に財政的な支援をするのは，公平性の観点からも望ましい。

　なかでも，子供を育てている若いファミリー世帯を税制＋補助金で支援することは重要である。給付付き税額控除では，低所得の子育て中ファミリー世帯を念頭に，勤労所得が増えると，税金が増える（あるいは生活保護のように給付が削減される）のではなく，一定の所得まではむしろ給付も増える。

　生活保護も貧困世帯への重要な施策であり，家庭の事情に応じて国が一定の給付額を支給するしくみである。ただし，所与の給付水準を維持すべく，その貧困家計の勤労所得が増えるとその分だけ給付が減額されて，家計の手取りの給付額が変化しないように調整される。これが勤労意欲を阻害する効果をもつため，いったん生活保護を受給すると，そこから抜け出せないという弊害がある。

　また，相対的に低所得だけれども，生活保護の対象とはならないで税金を少しは納めている家計も多く存在する。通常の所得税では，そうした家計の勤労所得が増えた場合に，その一部が所得税で徴収される。これは低所得世帯に厳しい政策である。給付付き税額控除では，逆に，給付金（＝補助金）を支給して，手取りの所得がもっと増えるようにする。例えば，納税額が10万円の人に15万円の給付付き税額控除を実施すると，差額の5万円が現金支給される。

　また，今日では消費税の比重が増加しているが，消費税は所得にかかわらず同じ税率が適用されるため，消費性向が高い低所得者の税負担が相対的に重くなる「逆進性」がある。給付付き税額控除はこうした逆進性対策にも有効といわれる。低所得ファミリー世帯の勤労意欲を国がサポートすることは，子育て支援として有力な選択肢だろう。

　実際に，給付付き税額控除はカナダ，イギリス，アメリカを始め多くの先進諸国で一般的に導入されており，わが国でも今後の税制改正での有力な選択肢の1つである。

● 金　融　政　策

金融政策の３つの手段

　金融政策とは，中央銀行が貨幣供給や金利をコントロールして，民間の経済活動水準や物価に影響を与えることである。

　金融政策は，大きく分けると，価格政策と数量政策に分かれる。貨幣供給をコントロールする手段としては，①基準金利政策，②公開市場操作，③法定準備率操作などがある。

基準金利政策

　最初に，**基準金利政策**から説明する。中央銀行は民間の銀行に対して貸出を行っている。基準金利の操作は価格政策の代表的なものであり，価格である貸出利率を直接操作して，貨幣供給を調整している。

　日本銀行は，1994年まで，**公定歩合**（日本銀行が民間銀行へ貸付を行う際に適用する基準金利）を操作することで金融政策を行ってきた。すなわち，公定歩合が引き上げられると，銀行にとっては，中央銀行からの借入のコストが上昇するから，企業に対する手形の割引需要が減少したり，企業に対する貸出需要が減少する。したがって，利子率は上昇する。これは総需要を抑制するから，景気の過熱を防ぐのに役立つ。逆に，公定歩合が引き下げられると，利子率が低下し，総需要を刺激するのに役立つ。

　基準金利の変更が現実にどのくらいの効果をもつのかは，そのときの経済状態に依存する。民間の投資需要がそれほど活発でない不況期，また，投資の利子弾力性があまり大きくないときには，民間の資金需要は大きくなく，しかも，利子率の低下によっても投資需要は刺激されない。このようなときに，基準金利が引き下げられても，市中の銀行は中央銀行から資金をあまり借り入れようとしない。

コラム　金融政策の考え方

　マクロ的な金融政策の代表的な考え方は，3つある。一つは，総需要を適切に管理するように貨幣供給を操作するのが望ましいとするケインズ的な立場である。逆に，総需要管理政策を否定して，貨幣供給をある外生的な率で成長させる政策が望ましいというのが，マネタリストの立場である。多くのマネタリストは，裁量的な金融政策が短期的に総需要管理に効果があることは認めているが，長期的には裁量的な政策よりは，ある決められたルールで金融政策を維持するほうがメリットが大きいと考えている。しかし，短期的にも裁量的な金融政策は効果がないばかりか，撹乱的な悪影響をもっているという立場（新マネタリスト）の人もいる。

　こうした相違は，貨幣の中立性に対する考え方の相違にもとづいている。貨幣供給が増加したとき，物価水準も即座に調整されれば，消費，投資，GDPなどの実質的なマクロ経済変数に何の効果もない。これが貨幣の中立命題である。ケインズ的な立場では，将来の価格予想＝期待インフレ率の形成があまり合理的に行われないと考える。新古典派あるいはマネタリストの立場では，期待インフレ率は利用可能な情報を駆使して最大限合理的に予想されると考える。その結果，マネタリストは裁量的な金融政策の効果について懐疑的である。

　ケインズ的な総需要管理政策が有効であるのかどうかは，ケインズ的立場と新古典派的立場との最大の論点であった。最初は，長期的にも総需要管理政策が有効であり得るのかが議論されたが，今日の標準的見解では，長期的に総需要管理政策は実物経済変数に影響を与えないこと，すなわち，金融政策が長期的に中立的であることに関して意見の一致がみられる。これは，長期的には，需要側の要因よりも供給側の要因でGDPが決定されると考えるほうがもっともらしいからである。

金融緩和期には，金融引き締め期と比較して，景気刺激策を目的とする基準金利政策はあまり有効ではない。

　1994年に民間銀行の金利が完全に自由化された後，日本銀行は公定歩合を操作する代わりに，短期金融市場の金利（無担保コール翌日物の金利）を操作することになった（図9-6）。

公開市場操作

　金融政策のうち数量的政策とは，貨幣供給量を直接コントロールするものである。このうち，**公開市場操作**とは，中央銀行が手持ちの債券や手形を市場で売ったり（**売りオペ**），買ったり（**買いオペ**）する方法を意味する。公開市場操作は，アメリカやイギリスではもっとも重要な金融政策の手段と見なされている。わが国でも，金融自由化が進むにつれて金融市場が整備されており，公開市場操作の役割は大きい。現在では，金融政策の中心となっている（図9-7）。

　ここで，売りオペの効果を検討してみよう。中央銀行は，たとえば，1兆円の売りオペを実施したとする。中央銀行は，債券と交換に現金を1兆円だけ市中から吸収する。これは，銀行にとって手持ちの現金の減少となるから，もし法定の支払準備金しか銀行は保有していなかったら，準備金が不足することになる。したがって，銀行は企業や家計に対する信用の供与を減らさざるを得ない。その結果，極端な場合には，貨幣供給は準備金の減少の乗数倍だけ減少する。

　中央銀行が債券を市場から買い入れる買いオペの場合には，売りオペとは逆のケースだから，信用は拡張される。

法定準備率操作

　次に，法定準備率の操作を取り上げよう。民間の金融機関は受け入れた預金の一定割合を準備金として，保有しなければならない。

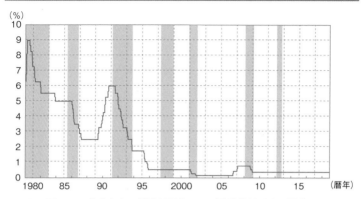

図 9-6　公定歩合，基準割引率および基準貸付利率の推移

（注）灰色部分は景気後退期。
（出所）井堀利宏『入門マクロ経済学 第 4 版』新世社，2020 年

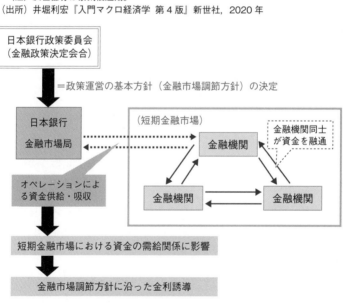

図 9-7　日本銀行の公開市場操作（オペレーション）の仕組み

（出所）井堀利宏『入門マクロ経済学 第 4 版』新世社，2020 年

この法律で決められた一定割合が，**法定（預金）準備率**である。そして，中央銀行が法定準備率を変更する政策が，**法定準備率操作**である。

　法定準備率の操作は，急激な貨幣供給の変化をもたらす。ただし，法定準備以上の準備を銀行が持っている場合，法定準備率の変更は，単に中央銀行への預け金とそれ以上の準備金との振替に終わるだけかもしれない。法定準備率の操作は，貨幣供給の微調整に適した政策手段ではなく，金融政策の大きな流れを決定するのに適した手段である。

非伝統的金融政策

　非伝統的金融政策とは，伝統的な金融市場調節手段である政策金利がゼロ，あるいはほぼゼロになった金融緩和状況から，さらに金融緩和を行う政策を意味する。標準的な金融政策では金利をゼロまで下げれば，景気の回復が期待できるので，それ以上の金融緩和政策をとる必要はない。しかし，金利をゼロまで下げても景気が回復しない場合，さらなる金融緩和政策を実施するのが，非伝統的な金融政策である。

　2013年4月，日本銀行は「異次元」と称される大規模な金融緩和政策に踏み込んだ。当時の黒田総裁は「2年で貨幣量を2倍にし，2％の物価安定目標の実現を目指す」と，デフレ脱却に向けた強い決意を示した。すでに金融が緩和されていたゼロ金利に近い状況でも行われる追加の金融緩和政策には，量的緩和，信用（質的）緩和，マイナス金利等の諸政策が含まれる。その結果，日本の金利は国際的にももっとも低いゼロ水準に張り付いたままとなり，日米の金利差が拡大して，当時1ドル80円程度だった為替レートは100円を超える水準まで円安となり，過度な円高が是正された。また，

コラム　金融政策ルール

金融政策ルールとは，物価や経済活動の安定を目的として，マクロ経済の変動に応じてシステマティックに金融政策を運営する方式を表現したものである。

代表的ルールとして，アメリカのマネタリスト経済学者で，ノーベル経済学賞を受賞したフリードマン（M. Friedman）が提唱したk％ルール＝「貨幣の供給量（マネーサプライ）が一定の増加率（k％）で推移するように金融政策を運営せよ」がある。

また，最近有力なテイラー・ルールは，1993年にスタンフォード大学のテイラー（J. B. Taylor）が提案した金融政策ルールであり，経済状態に応じて，貨幣の供給量ではなく政策金利を変化させる考え方である。

表9-3　1999年以降の日本銀行の金利政策

期　　間	名　　称
1999年2月〜2000年7月	ゼロ金利政策
2001年3月〜2006年3月	量的緩和政策
2006年4月〜2006年7月	ゼロ金利政策
2008年10月〜	補完当座預金制度
2010年10月〜2013年3月	包括緩和政策
2013年4月〜2016年2月	量的・質的緩和政策
2016年2月〜2024年3月	マイナス金利付き量的・質的金融緩和
2016年9月〜2024年3月	長短金利操作付き量的・質的金融緩和

（出所）井堀利宏『入門マクロ経済学 第4版』新世社，2020年

株価も上昇するなど，わが国の景気浮揚に一定の効果は得られた。その一方で，インフレ率は上昇せず，賃上げの動きも弱く，実質賃金は減少し続けて，消費も弱いままで経済の低迷も続いた。

　2023年に日本のインフレ率はようやく2％を超えるようになった。しかし，これはウクライナ危機など地政学的リスクを反映したエネルギー価格の上昇に円安の影響も加わったことで，輸入財のコストが大幅に上昇したという供給面からの影響が大きい。日本経済が活性化して経済が好循環し，需要が増加して経済活動が活発になって，物価が上昇しているわけではない。

　2023年以降，欧米諸国がインフレ抑制のために，金利を引き上げるという伝統的な金融政策に復帰しはじめたのに対して，日銀は日本経済の好循環が実現できていないとしてゼロ金利政策を維持し続けた。その結果，米国との金利差はますます拡大して，1ドル150円を超える急激な円安が進行した。

　2024年にはわが国でもインフレ率を上回る賃上げが実現し，経済の活性化を伴うインフレ率2％が持続する可能性も見えてきた。そうなると，日銀は非伝統的金融政策をやめて，伝統的な金融政策への出口戦略を模索する。ただ，その出口戦略は必ずしも容易ではない（**コラム**参照）。

● マクロ政策の評価

評価のポイント

　マクロ経済政策の評価は，①有効であるか，②適切な時期に行われるか，③政策担当者がどのような目的で用いるのか，の3つの視点で考えることができよう。①の有効性については，総需要管理政策が本当に総需要を管理できるのか，またその場合の乗数がどのく

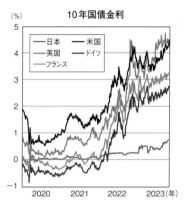

図 9-8　物価上昇率と金利の国際比較

（資料）　Bloomberg 資料より，財務省作成。
（出所）　財務省「令和 6 年度予算の編成等に関する建議」参考資料
https://www.mof.go.jp/about_mof/councils/fiscal_system_council/sub-of_fisc
al_system/report/zaiseia20231120/03.pdf
コロナ対応後，欧米諸国は物価上昇に直面。わが国の物価も足もと米国と同水準まで上昇している。
欧米諸国では，金融引締めにより，長期金利が上昇。

コラム　非伝統的金融政策からの脱却

　出口戦略を採用して量的引き締めを本格化させると，金利が上昇して，国債の価格は下落する。日銀が満期前に含み損を抱えた国債を売却すると，大きな損失を計上してしまう。長期金利の上昇で利払い費も増大するから，国の財政運営にも悪い影響が出てくる。さらに，投資家が国債を保有していることにリスクを感じ始めると，国債の需要が大きく減少して，国債価格が暴落する可能性もある。国債市場に大混乱を招かないで普通の金融政策に戻っていけるのか，日銀の手腕が問われている。

らいかが論争の対象であった。②の政策のタイミングについては，政策のラグをどの程度深刻と考えるかによって，裁量政策を評価することになる。③の政策担当者の目的については，政権政党＝与党の利害を反映した政策がどのように決定されるのかが問題となる。仮に①，②の点でマクロ経済政策が有益であっても，実際に採用される政策が望ましくないこともある。

適切なタイミング

政策のタイミングについては，古くから政策のラグという概念で多くの議論が交わされてきた。金融政策の場合は発動するまでのラグは小さいが，それが効果をもつまでのラグは大きい。これに対して，財政政策の場合は発動するまでのラグは大きいが，いったん発動されると直ちに効果をもたらす。どちらの政策も，政策を発動する必要性が認識されてから，実際に発動されて効果をもつまでかなりの時期を要する。いずれの政策でも，正確にタイミングを予想して，適切に政策を発動するのは困難である。

マクロ政策の有効性

民間部門が政府の裁量的な政策を織り込んで（予想して）行動すると，裁量的な政策が結果として無効になる可能性もある。たとえば，減税の乗数効果を考えてみよう。過去の消費行動から，減税による可処分所得の拡大が消費を刺激する効果が大きかったとする。したがって，これからも減税政策の効果は大きいと考えたくなるだろう。しかし，減税の後では少し時間がたって，増税が行われており，民間の経済主体も次第にそれを予想すると，減税の乗数効果は小さくなる。

コラム　マクロ政策の考え方

　経済学では景気循環と経済成長を区別して考える。経済成長は基準値である平均的なGDPそれ自体が増加することである。GDPが低迷している状況が長く続けば，それは景気循環における一局面としての不況ではなく，実力ベースのGDPが低迷している成長の低迷と見なす。

　もし景気循環の一局面としての不況期であれば，マクロ的に超過供給の状態にあり，人々は所得がないために消費したくてもできないから，金融の緩和や公共投資の拡大や減税などの総需要刺激策は景気対策として有効である。しかし，構造的な要因で現在の経済活動が低迷しているとすれば，経済の実力水準が低迷している結果であり，むしろ，現在よりも将来の方が悪くなる可能性が高い。1990年代以降の長期に及ぶ日本経済の低迷は，景気循環の1局面としての景気後退である以上に，構造的な経済の低迷と理解すべきである。

　1990年代に経済低迷のきっかけとなった金融システム不安の原因は，金融産業の構造転換を遅らせてきた護送船団方式の破綻によるところが大きい。それまで，金融業界は効率性の悪い銀行でも存続できるように，参入規制を維持し，各金融機関の守備範囲を厳格に規制するなどした結果，非効率な経営形態が続いてきた。他方で，世界では金融市場の規制緩和，自由化，IT化が進展し，異業種からの参入も活発になり，新しい金融商品や決済システムが登場してきた。金融産業以外の分野でも，グローバル世界での大競争に立ち向かえるだけの生産性の向上，イノベーション，新しい人や企業の参入などで後れを取ってしまった。1980年代にバブル景気で好調だったことが，結果として，90年代以降に産業構造を再編する際の足かせとなった。

　量的に公共事業を増やしたり，金融緩和規模を大きくしたりするだけで，経済が活性化するとは言えない。日本経済が低成長にとどまっている限り，需要を刺激する財政金融政策には限界がある。また，財政赤字が累増している厳しい財政事情も考慮すると，政策出動の量ではなくて，その中身である質を重視した賢い政策が求められる。

　民間の経済活動を活性化させる公共事業はその例になる。広く薄く公共事業をばらまくのではなくて，国際競争力が期待できる分野や地域に集中する公共事業，たとえば，基幹の港湾施設を強化したり，大都市部での空港整備を充実させたりすると，幅広い波及効果が期待できる。当面の景気対策よりも，将来の経済活性化に寄与することに留意した財政金融政策が必要だろう。

● 本章のまとめ

　政府支出乗数は，1から限界消費性向を引いた限界貯蓄性向の逆数 $\frac{1}{1-c}$ で与えられる。自動安定化機能（ビルト・イン・スタビライザー）は経済を安定化させる効果をもっている。マクロ経済運営では，完全雇用を達成するように総需要を管理することが政策目標であって，必ずしも財政収支を均衡させる必要はない。

　財政政策の拡張は，利子率を上昇させて，民間投資を抑制する（クラウディング・アウト効果）。公債発行が将来返済可能であるためには，これから将来にかけての財政余剰（基礎的財政収支の黒字額）で公債残高に見合う返済金額を確保する必要がある。

　公債発行と公債償還とが同一の世代に限定されているなら，ある一定の政府支出を公債発行と課税調達とでまかなうのは，同じ経済効果をもつ（リカードの中立命題）。遺産による世代間での自発的な再配分効果を考慮するのが，バローの中立命題である。世代会計は財政運営を世代別の損得勘定という視点からとらえている。

　金融政策は，中央銀行が貨幣供給や金利をコントロールして，民間の経済活動水準や物価に影響を与えるもので，価格政策と数量政策に分かれる。日本では非伝統的金融政策として，大規模な金融緩和政策が行われた（2013年～2024年）。

　マクロ経済政策の評価は，①有効であるか，②適切な時期に行われるか，③政策担当者がどのような目的で用いるのか，3つの視点で考えることができる。

第10章
国際経済

● 貿　易

貿易の利益

　今までの章では，主に外国との経済的取引のない**閉鎖経済**を前提としたが，本章では，外国との経済的な取引のある経済（**開放経済**）の問題を検討する。まず，**貿易の利益**について分析していこう。

　私たちは数多くの財を輸入している。日本人の食生活は輸入産品なしには成り立たない。また，日本は自動車などの工業製品を中心に多くの財を輸出している（**表10-1**）。貿易を通じた外国との経済交流は，私たちの生活を向上させるのに役立っている。日本のように国内で天然資源の乏しい国が経済的に発展するには，外国との貿易が不可欠である。わが国の国内で入手できないものでも，貿易することで，外国から必要なだけ輸入することができる。しかし，外国に依存しすぎると，2008年の世界同時不況のように，外国でのマイナスのショックが，国内経済に大きな悪影響をもたらすこともある。

　閉鎖経済と比較して，外国と貿易することでどのような利益があるだろうか。**図10-1**は，ある財の需要と供給の関係を貿易以前と貿易以後と描いたものである。自国が小国であるとする。外国でのその財の価格を p^* として，自国は p^* のもとでいくらでもこの財を輸入できる。閉鎖経済の均衡点は，国内での需要曲線と国内の企業の供給曲線との交点 E で与えられる。その場合の消費者の利益＝消費者余剰は，三角形 a の大きさであり，生産者の利益＝利潤（生産者余剰）は三角形 $b + c$ の大きさである。社会的な利益は消費者余剰と生産者余剰の合計である $a + b + c$ となる。

　貿易が行われると，均衡点は点 A に移動する。消費者余剰は $a + b + d$ に，$b + d$ だけ拡大する。他方で，生産者は安い外国の製品と競争しなければならず，利潤は b だけ減少して c となる。社会的な

表 10-1　貿易相手国上位 10ヶ国の推移（輸出入総額）

（単位：億円（%））

年	2005 年	2010 年	2015 年	2020 年	2022 年
総額	1,226,059 億円	1,281,646 億円	1,540,195 億円	1,364,100 億円	2,166,768 億円
1	アメリカ 218,797 (17.8)	中　国 264,985 (20.7)	中　国 326,522 (21.2)	中　国 325,898 (23.9)	中　国 438,535 (20.2)
2	中　国 208,123 (17.0)	アメリカ 162,854 (12.7)	アメリカ 232,844 (15.1)	アメリカ 200,644 (14.7)	アメリカ 300,139 (13.9)
3	韓　国 78,413 (6.4)	韓　国 79,642 (6.2)	韓　国 85,704 (5.6)	韓　国 76,082 (5.6)	オーストラリア 137,951 (6.4)
4	台　湾 68,034 (5.5)	台　湾 66,188 (5.2)	台　湾 72,899 (4.7)	台　湾 76,021 (5.6)	台　湾 119,669 (5.5)
5	タ　イ 41,952 (3.4)	オーストラリア 53,402 (4.2)	タ　イ 58,581 (3.8)	タ　イ 52,626 (3.9)	韓　国 115,229 (5.3)
6	香　港 41,419 (3.4)	タ　イ 48,337 (3.8)	オーストラリア 57,649 (3.7)	オーストラリア 51,267 (3.8)	タ　イ 77,715 (3.6)
7	オーストラリア 40,766 (3.3)	インドネシア 38,706 (3.0)	香　港 44,634 (2.9)	ベトナム 41,810 (3.1)	アラブ首長国連邦 71,879 (3.3)
8	ドイツ 40,254 (3.3)	香　港 38,381 (3.0)	ドイツ 44,190 (2.9)	ドイツ 41,515 (3.0)	サウジアラビア 63,150 (2.9)
9	サウジアラビア 36,315 (3.0)	サウジアラビア 37,173 (2.9)	マレーシア 40,541 (2.6)	香　港 35,004 (2.6)	ベトナム 59,304 (2.7)
10	アラブ首長国連邦 33,303 (2.7)	マレーシア 35,321 (2.8)	アラブ首長国連邦 38,984 (2.5)	マレーシア 30,451 (2.2)	インドネシア 57,512 (2.7)

（出所）　財務省「最近の輸出入動向」

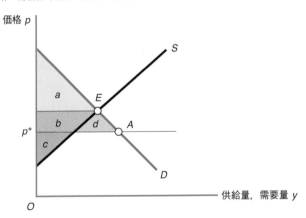

図 10-1　貿易の利益

貿易による消費者余剰の増加は $b+d$ であり，生産者余剰の減少は b である。
社会的余剰は d だけ増加する。

余剰は$a + b + c + d$であるから，閉鎖経済と比較すると，dの大きさだけ拡大する。これが貿易の利益である。

輸入制限政策

次に**輸入制限政策**の効果を分析しよう。数量割り当てで輸入枠自体を抑える政策を考える。議論を単純にするため，国内企業が存在しないケースでの輸入制限を想定しよう。

図10-2において，輸入制限がなければp^*という外国の価格で点Eまで輸入される。政府は輸入量をp^*Gの大きさに押さえ込む。輸入量が減少するので，国内での販売価格はp^{**}まで上昇する。その結果，家計の消費者余剰は関税政策の場合と同様に，$b + c$の大きさだけ減少する。この政策では政府の税収は得られない。

輸入業者はp^*の価格で外国から財を輸入してp^{**}の価格で国内で販売している。輸入価格と国内価格との差額$p^{**}p^*$の大きさは，関税の税率と同じである。輸入業者の利潤がbであり，これは関税の場合の税収の大きさに等しい。

輸入業者は輸入制限による価格の上昇で利益を得るが，これは消費者余剰の減少分ほど大きくはない。その差額＝三角形EFGの面積cが社会的余剰（＝消費者余剰と生産者余剰の合計）の減少分であり，輸入制限政策の超過負担である。政府が輸入業者の利潤に100％税金を課して，すべて消費者に配分しても，消費者余剰の減少分を完全には相殺できない。

輸入制限は国内産業を保護する目的でも行われる。関税をかけたり，輸入量を制限すると，国内価格が外国での価格よりも割高になるから，国内で競合する財を生産している産業，企業にとっては，より有利な条件で生産活動ができる。わが国では，コメに代表されるように，農産物について輸入制限が実施されている。

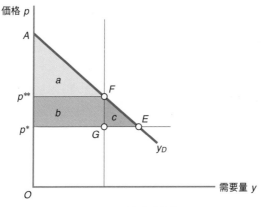

図 10-2　輸 入 制 限

輸入制限による輸入業者の利益はbであるが，消費者余剰の減少はb＋cである。超過負担はcである。

コラム　関税政策の場合

　関税政策の場合，図10-2で，p^*とp^{**}の差額分が関税になり，bの大きさが関税収入になる。輸入制限と比較すると，輸入業者の利益bがなくなる代わりに，政府の収入がbだけ増加する。しかし，消費者余剰の減少分が$b＋c$であることに変わりはなく，超過負担がcの大きさだけ生じる。

　関税は，かつては，国家の財源として重要な位置を占めていた。徴収体制が整備されるのに伴い，財源調達手段としての意義は小さくなった。他方，関税が課せられると，その分だけコストが増加し，国産品に対して競争力が低下するから，国内産業保護という効果がある。自由貿易のメリットを享受するには，関税率の引き下げが不可欠であり，わが国の関税率も次第に引き下げられている。

　逆に，ある特定の産業や企業の輸出を奨励するために，輸出補助金などの輸出奨励策が実施されることもある。自由貿易と比較して，輸入制限や輸出奨励の政策は，関連産業にはメリットをもたらすが，国民経済全体からみると，弊害も大きい。

比較優位の原則

　比較優位の原則とは，自国と外国がそれぞれ2種類の生産物を生産できるときに，自国は外国と比べて，比較的に（相対的に）有利である生産物の生産に特化し，外国は逆に自国よりも比較的に（相対的に）有利となる生産物の生産に特化して，それらを貿易によって交換することが，それぞれの国が2つの生産物を両方生産して，何ら貿易しない場合よりもお互いにプラスになることである。

　今，日本とアメリカという2つの国がそれぞれリンゴとオレンジを生産できるとする。リンゴとオレンジの生産可能な水準の組合せは，図10-3のようにアメリカではAB，日本ではGFと表されている。アメリカが日本よりもどちらの財もたくさん生産できる。このような場合，どちらの財もアメリカが絶対優位にあるという。

　しかし，リンゴとオレンジの相対的な生産性は両国で異なっている。リンゴ1単位を減産したとき何単位のオレンジが増産できるかという相対的生産性でみれば，アメリカのほうがたくさんのオレンジを生産できる。逆に，日本ではオレンジを1単位減産したときに，アメリカ以上のリンゴを生産できる。このような場合，アメリカはオレンジの生産に比較優位があるという。一方で，日本はリンゴの生産に比較優位がある。

　2国間で貿易が行われる開放経済では，2つの国はそれぞれの比較優位をもっている財の生産に特化することで，閉鎖経済の場合より大きな利益を上げる。アメリカはオレンジの生産に特化すれば点

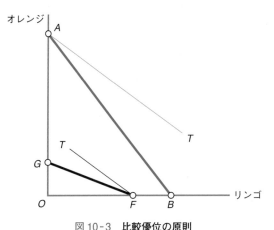

図 10-3　**比較優位の原則**

アメリカでの生産可能線は *AB* であり，日本の生産可能線は *GF* である。アメリカはオレンジの生産に特化し，日本はリンゴの生産に特化することで，ともに利益がある。

コラム　弁護士と秘書の例

　比較優位の原則を，弁護士と秘書の役割分担の例で説明しよう。ある弁護士が秘書のやるタイプ打ちの仕事（あるいは，資料整理などの補助的な仕事）でも，普通の秘書よりも有能であるとしよう。彼（あるいは彼女）は，弁護士の仕事と同時に自分でタイプして，秘書を雇わない方がいいだろうか。

　自分より有能でなくても，タイプの仕事は秘書に任せて，自分は弁護士の仕事に専念する方が，より時間を有効に活用できて，多くの所得を稼ぐことができる。つまり，あえて（自分よりも）有能でない秘書を雇うことで，自分が秘書的な仕事に投入する時間を節約することのメリットが大きい。言い換えると，弁護士はタイプ打ちの仕事よりも弁護士の仕事に比較優位があり，秘書は弁護士の仕事よりはタイプ打ちの仕事に比較優位がある。

*A*が生産点となる。オレンジをリンゴと交換する場合，*AB*という自国内での生産上の交換比率よりも有利な条件で交換できる。すなわち，貿易上の交換比率*AT*線は*AB*線よりも傾きが緩やかであり，アメリカは2つの財を同時に生産する場合よりも，大きな利益を得る。日本にとっては，*FG*という自国内での生産上の交換比率よりも，貿易による交換比率*FT*の傾きが急であるから，リンゴの生産に特化して，そのうちの一部を外国に輸出することで，利益を得る。互いに比較優位をもっている財の生産に特化することで，貿易による利益を得る。

● 国際収支と為替レート

為替レート制度

　為替レート制度には，為替レートをある所与の水準に政策的に固定したままに維持する**固定レート制度**と，外国為替市場での需給均衡に任せる**変動レート制度**の2つがある。わが国は1970年代前半まで戦後二十数年にわたって1ドル＝360円という固定レート制度を維持してきた。

　固定レート制度のもとで，景気が良くなり輸入が増大すると，貿易収支が赤字になった。そして，外貨準備が減少して1ドル＝360円が維持できなくなると，金融政策を引き締めて景気の過熱を防ぎ，輸入の増加を抑えたり資本移動を制限するなどして，ドルが外国に逃げないように為替管理政策を遂行した。しかし，1971年のニクソン・ショックをきっかけに変動レート制度に移行し，現在は外国為替市場で為替レートが毎日決定されている。

為替レートの水準

　為替レートはいろいろな要因で変動する。短期的には日本と外国

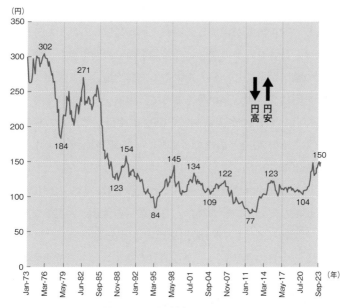

図 10-4　**円の対米ドルレート**

（出所）　日本銀行ウェブページ「時系列統計データ検索サイト」より作成。
長期的に見ると，1970年代半ばに変動レートに移行してから2010年代初め
まではほぼ一貫して円高傾向が続いたが，2013年以降は一転して円安傾向と
なっている。これは日本経済が国際的に経済大国になったものの，その後は低
迷に陥ったプロセスに対応している。

コラム　国際収支とは

　国際収支は，国境を越える財やサービス，資金の流れを体系的に
示す。財・サービスの輸出入取引を示す経常勘定と資本の取引を示
す資本勘定に大別される。さらに前者の収支（経常収支）は，（1）
貿易収支，（2）貿易外収支，（3）移転収支に分かれる。貿易収支
は財貨の輸出入の収支を示し，国内居住者と外国人との間のモノの
取引を計上する。

（アメリカ）との金利差で為替レートは動く。日本で金利が低下し，日本で資金を運用するよりも，アメリカで資金を運用する方が有利になると，ドル需要が増加し，円安・ドル高になる。また，中長期で見れば，為替レートの動きは経済的要因で説明できる。たとえば，わが国の輸出が増加し，輸入を大きく上回る場合は，輸出で得たドル資金を円に交換する量が多くなって，円高・ドル安になりやすい。

　1970年代にわが国が変動レート制度に移行してからの長期的な動向を見ると，2010年頃までは1ドル＝360円の水準から1ドル80円程度の水準に変化しており，円高傾向になっていた。これは，この時期にわが国が経済成長を遂げて，世界有数の経済大国になったことを反映していた。その後は，日本経済の低迷と大規模な金融緩和政策を反映して，1ドル150円を超える円安傾向に転じている。

　ただし，今日の為替レートから明日の為替レートを予想するのは難しい。たとえば，為替レートが上昇基調でも，明日の為替レートが今日より上昇するとは限らない。短期的な変動は予想外のニュースに反応するから，それが大きいほど，為替レートも大きく変動する。

● 貿易と資本移動：マクロ的分析

財市場の均衡

　本節では，マクロ的な観点から国際問題を分析しよう。まずは，もっとも単純なケインズ・モデルを開放経済に拡張して，国際収支の均衡と国内の総需要管理政策との関連を分析しよう（図10-5）。財市場の均衡式は，財・サービスの対外的な取引（輸出入）を考慮すると，次のように定式化される。

$$Y = C(Y) + I + G + X$$

コラム　為替レート決定の要因

　為替レートがどう決まるかは，いろいろな考え方がある。円レートは円とドルという2つの通貨の交換比率である。家計が資産を円ではなくドルで持つメリットは，ドルを持つ収益を為替レートで円に還元したものであり，これが円での収益に等しいことが利子裁定条件となる。たとえば，今1万円の円資産を5％（1年間）の日本の金利で運用して1年後に10,500円になるとする。これをドルで運用すると，為替レートが現在1ドル＝100円で，アメリカの金利が10％とすると，1年後に110ドルになる。1年後の為替レートが1ドル＝105/110＝95.5円であれば，1年後に円に交換して同じ収益10,500円を稼げる。したがって，1年後の為替レートを95.5円と予想すれば，どちらの資産で運用しても無差別である。もし1年後の為替レートがこれより円安になると予想すれば，ドルで運用した方が得になり，逆に円高と予想すれば，円で運用するのが得になる。また，アメリカの金利が上昇するとドルで運用した方が得になるので，1年後の予想為替レートが変わらないときは，現在の為替レートが円安になることで利子裁定の均衡が維持される。

　なお，長期的な為替レート決定理論として，為替レートと物価との間の関係を，自国と外国の物価に関する裁定としてみる購買力平価説がある。一物一価の法則が成立すれば，すべての財・サービスの価格に関して，日本の価格はアメリカの価格に為替レートをかけたものになる。

　また，金利，累積経常収支，インフレ率などを反映したファンダメンタルズを中長期のあるべき為替レートと見なす考え方もある。経常収支が黒字になると，対外資産が蓄積されていくが，その結果として，経常収支国の通貨の価値が増加する。つまり，日本が累積的に経常収支の黒字を拡大させると，円高が促進する。ただし，為替レートの変動も，株価や地価の変動と同じく，期待に左右される不安定なメカニズムを持っており，バブルの可能性も排除できない。

ここで，YはGDP，Cは消費，Iは投資，Gは政府支出，Xは純輸出（＝輸出－輸入）である。投資と政府支出は，外生的に一定水準にあると考える。新しい変数は，貿易収支の黒字幅を意味する純輸出Xである。輸出を外生的に一定で変化しないとして，輸入のみを所得Yの増加関数とする。すなわち，国内の経済活動が活発になれば，輸入需要も増大するが，輸出は外国にとっての輸入であるから，外国での生産活動の大きさに依存しており，自国のYと直接には無関係と考えられる。輸入水準は輸入する国のGDPに対応して需要サイドで決定されるとすれば，輸出水準が自国のYとは無関係になる。限界輸入性向を表すパラメータxは，所得が1単位増加したとき輸入がどのくらい増加するか（＝純輸出がどのくらい減少するか）を示している。

以上のような状況において，まず固定レート制度について考えると，政府支出拡大の乗数の大きさは，$\dfrac{1}{1-c+x}$になり，限界輸入性向xが入っている分だけ，閉鎖経済の場合の政府支出乗数$\dfrac{1}{1-c}$よりも小さくなる。総需要が拡大するときに，その一部が輸入需要に回ると，国内の総需要の増大がその分だけ抑制される。この乗数は**外国貿易乗数**とも呼ばれている（表10-2）。

ところで，外国への外生的な輸出の拡大で，乗数倍だけのGDPの拡大，雇用の増加が生じる。わが国の戦後の経済発展では，朝鮮戦争やベトナム戦争の際に，アメリカを中心とした戦争需要がわが国の総需要の拡大に寄与した。これも外国貿易乗数による国内の有効需要拡大効果の例である。

変動レート制度①：資本移動ゼロ

一方，変動レート制度では，為替レートは為替の需給が一致する

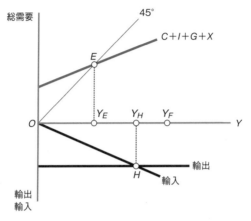

図 10-5　GDP と国際収支決定

財市場が均衡する GDP（Y_E）は，完全雇用 GDP（Y_F）や国際収支を均衡させる GDP（Y_H）と一致する保障はない。したがって，マクロ総需要を管理する場合，完全雇用を実現するのか，国際収支の均衡を実現するのか，どちらかしか達成できない。対内均衡（＝完全雇用の実現）と対外均衡（＝国際収支の均衡）を同時に達成するには，財政金融政策ばかりでなく為替レートの調整も必要になる。

表 10-2　外国貿易乗数（輸出入を考慮した政府支出乗数）

閉鎖経済	$\dfrac{1}{1-c}$, $c =$ 限界消費性向
開放経済：固定レート制度	$\dfrac{1}{1-c+x}$, $x =$ 限界輸入性向
開放経済：変動レート制度	$\dfrac{1}{1-c}$（隔離効果）（閉鎖経済と同じ）

ように市場で決められる。最初に,資本移動がまったくないケースから分析してみよう。資本移動がゼロであるために,国際収支,経常収支と貿易収支は一致し,純輸出がゼロになるように為替レートが決まる。為替レート e の調整によって $X = 0$ が常に成立しているから,財市場の均衡条件は $X = 0$ の場合の閉鎖経済と同じになる。すなわち,次の式が成立する。

$$Y = C(Y) + I + G$$

したがって,均衡GDPは閉鎖経済のモデルと同じになる。これは変動レート制度の隔離効果である。乗数の値は,限界輸入性向がどんなに大きくても,閉鎖経済の場合と同じとなる。

変動レート制度②:資本移動完全

次に,資本移動が完全のケースを想定しよう(表10-3)。政府支出の拡大により利子率が上昇すると,資本が流入し,為替市場では邦貨に対する超過需要が生じて,為替レートが増価する。財政政策によって,為替レートが増価(=円高)して,輸入が促進され,輸出が抑制される。これは純輸出を抑制して,国内の総需要を抑制する。

すなわち,政府支出の拡大による直接効果は,為替レートの増価による純輸出の減少によって,相殺される。新しい均衡は,もとの均衡と同じになる。なぜなら,貨幣市場の均衡において,利子率と貨幣供給が変化しない以上,所得水準も変化できないからである。言い換えると,この場合の乗数効果はゼロであり,財政政策は無効になる。

変動レート制度の場合には,拡張的な金融政策によって,利子率の低下によって資本が外国に流出する圧力が加わる。為替レートが減価(=円安)し,純輸出が刺激される。これは,さらに所得を増大させる。すなわち,金融政策の効果はかなり大きい。

表 10-3　財政金融政策の効果（資本移動完全）

	財政政策	金融政策
固定レート制度	有効：金融政策が補助的に用いられる	無効：貨幣供給を操作できない
変動レート制度	無効：為替レートの変動が財政政策の効果を完全に相殺する	有効：為替レートの変動がさらに GDP に与える効果を拡大

コラム　政策協調と財政金融政策

　2国モデルで財政金融政策の効果を考えてみよう。日本とアメリカの2国間で円ドルレートが市場で決まる変動レート制度で，資本移動が2国間で自由に行われている状況を想定する。日本で拡張的な財政政策が実施されると，日本の金利が上昇するため，円高になり，アメリカから日本への輸入が促進される。アメリカにとっては日本への輸出が増加するため，国内景気にプラスである。逆に，日本が拡張的な金融政策を実施する場合，日本の金利が低下するため，円安になり，日本からアメリカへの輸出が促進される。これは，日本の景気にプラスであるが，アメリカの景気にマイナスに作用する。

　つまり，外国の拡張的財政政策は自国にとって望ましいが，外国の拡張的金融政策は自国にとって望ましくない。その結果，アメリカは日本に拡張的財政政策を期待する。拡張的財政政策のコストは財政赤字の累増であるが，これは外国にとってはコストではない。その結果，両国ともに拡張的財政政策を相手国に求めるようになり，財政政策の国際協調は難しい。なお，金融政策の場合は逆に働く。

● 日本経済の国際化と円高／円安

円高／円安のメリット・デメリット

　日本経済が発展するとともに，貿易や金融面で国際的に相互依存関係が強くなるグローバル化も進展し，2010年頃まで円高が進んだ。円高の一番のメリットは輸入財が安く買えることである。輸入財を用いて生産する企業では，生産費が安くなる。また，海外に出かけて有利なレートで円を現地の通貨に交換できるから，海外旅行が得になる。また，外国にある資産も有利な条件で購入できる。円高はさまざまなメリットをもたらす。

　その反面，円高によってきびしい影響を受けるのは，輸出企業である。外国通貨での販売価格が変化しなければ，円高による分だけ，円での収入は減少する。また，円高になると国内の資源を用いて生産するより，安い価格で資源が調達できる外国で生産する方が得になるから，企業は外国に生産拠点を移動する。そうなると，国内での雇用は減少し，労働者は打撃を受ける。

　逆に，円安になると，原油や農産物など外国からの輸入産品が割高となり，それらを購入していた企業や家計はデメリットを受ける。他方で，輸出産業は輸出先で価格競争力が強くなり，販売を伸ばすことができるし，稼いだドルを多くの円に交換できるので，円で評価した収益も増加する。

　このように，円高，円安は企業や家計でも異なった影響をもたらす。円安は，短期的には輸入を刺激し，景気にプラスに働くが，円安に期待しすぎると，日本の競争力＝付加価値を高める努力がおろそかになり，日本経済がずるずると衰退するリスクも高まる。

　短期的な為替相場での損得よりも，中長期的な目線で日本の国際競争力を上げていくことが重要だろう。日本の製品やサービスの付

コラム　国際化と政府の役割

　GDPに占める貿易量の大きさや，資本移動の大きさでみた国際化が進展している国ほど，政府支出も大きくなっている。国際化の進展は経済全体を活性化して，その国にとってプラスに働く。わが国も戦後の高度成長期を経験し，経済規模が大きくなるにつれて，貿易面・金融面でも国際化が進展し，同時に財政規模も大きくなった。しかしながら，国際化はプラスの効果をもっていると同時に，マイナスの効果ももっている。

　マイナスの効果としては，リスクの増大がある。たとえば，貿易量が拡大すると，自国の生産が世界的な比較優位の貿易構造に組み込まれるために，自国が比較優位のある財やサービスの生産に特化する傾向が生まれる。その結果，外国での天候不順や戦争などのショックがあると，自国でほとんど生産していない財の輸入価格が大幅に上昇して，国内経済に大きな影響を与える。2008年に発生した国際金融危機がまさにその例である。そうしたショックを緩和するには，あらかじめリスクを軽減するような経済援助などの財政支出や，また，ショックが起きた後での景気対策など政策的な対応が必要となる。

　また，国内での産業が国際的な競争にさらされる結果，競争力の弱い産業では失業や倒産などの調整が起きる。こうした産業間での資源配分の変化は，国際化が進展するにつれて大きくなる。

　このような財政支出の増大は，国際化に伴う国内的な調整を円滑に行うためには，ある程度はやむを得ない。しかし，国際化によって得られるメリットを国民全体で共有するためにも，こうした財政支出が効率的に適切に配分されているかについて，厳しい点検が必要である。

加価値を高めることができれば，日本経済は活性化し，円への信認も高くなる。そうなれば，為替相場が円高になったとしても，輸出はそれほどマイナスの影響を受けず，海外からの旅行者によるインバウンド需要も簡単には減らない。

　一部の途上国では経済状況が厳しく自国通貨への信認が失われて，自国通貨の価値が暴落し，ドルへの需要が高まっている。そうした悪い通貨安を招かないためにも，官民挙げて，日本経済の実力を高める努力が求められる。

● 本章のまとめ

　自由貿易と比較して，輸入制限や輸出奨励の政策は，関連産業にメリットをもたらすが，国民経済全体への弊害も大きい。比較優位をもつ財の生産に特化することで，貿易による利益を得る。

　為替レート制度には，為替レートをある所与の水準に政策的に固定したままに維持する固定レート制度と，外国為替市場での需給均衡に任せる変動レート制度の2つがある。

　総需要が拡大するときに，その一部が輸入需要に回ると，国内の総需要の増大がその分だけ抑制される。この乗数は外国貿易乗数と呼ばれる。

　変動レート制度で資本移動が完全の場合，政府支出の拡大による直接効果は，為替レートの増価による純輸出の減少によって相殺されるので，乗数効果はゼロとなり，財政政策は無効になる。拡張的な金融政策では，利子率の低下で資本が外国に流出する圧力が加わり，為替レートが減価し，純輸出が刺激される。これは，さらに所得を増大させるので，金融政策の効果はかなり大きくなる。

コラム　経済安全保障

　最近では経済面での損得問題を超えて，国の安全を揺るがしかねないリスクが懸念されている。なかでも，IT分野でアメリカと中国の対立が経済問題を超えて，自国の安全保障にも関わるリスクとして取りざたされている。そうしたリスクから国や国民を守るための考え方が「経済安全保障」である。

　安全保障が経済問題にも波及する背景には，たとえば，半導体が一般家庭向けの自動車，家電，ゲーム機器などに使われると同時に，半導体は軍事技術開発にとっても重要になってきたという現実がある。民間の経済活動と軍事力の増強との垣根が低くなっている。さらに，経済に不可欠なエネルギーをいかに確保するか（エネルギー安全保障）や生活に不可欠な食料をいかに確保するか（食料安全保障）の領域にまで，地政学的な対立の範囲が拡大してきた。

　経済安全保障では，国の平和や経済的な利益を守るために，国家レベルで経済的な対抗手段を取ることになる。また，米中対立の背景にはIT面での覇権争いだけでなく，政治的な発想の違いが大きく影響している。政治的な意思決定システムをみると，アメリカは民主主義で，中国は専制主義である。政治体制でみても，民主主義か専制主義かでは，全く異なる意思決定システムである。専制主義国家では，君主や独裁者などの個人やそれを取り巻く小集団が自分たちの意思に基づいて政治を支配する。指導者が誤った行動をしても，それを抑制する力が働きにくい。

　これまで世界の覇権はアメリカが握っていたが，中国が経済的に超大国化するにつれて，その既存秩序に中国が挑戦している。米中貿易戦争はそのひとつの過程で起きた問題ともいえる。米中対立は経済的な問題だけではなく，アメリカの覇権を脅かし，民主主義である欧米諸国の安全保障への脅威をも意識せざるを得ない事態にまで深刻化している。したがって，1990年代に主として貿易面での摩擦であった日米経済対立と比較して，今日の米中対立は根が深い。

　わが国としては，アメリカとの安全保障体制を前提としつつ，中国経済が混乱しないように，中国とも経済的な協力関係を発展させることで，アジア太平洋地域での地政学リスクの軽減を図るべきだろう。

索　引

著者略歴

井 堀 利 宏
い ほり とし ひろ

1952年　岡山県に生まれる
1974年　東京大学経済学部卒業
1980年　ジョンズ・ホプキンス大学 Ph.D.
現　在　東京大学名誉教授，政策研究大学院大学名誉教授

主要著書

『現代日本財政論』（東洋経済新報社，1984）
『経済政策』（新世社，2003）
『課税の経済理論』（岩波書店，2003）
『財政　第3版』（岩波書店，2008）
『財政学　第4版』（新世社，2013）
『入門ミクロ経済学　第3版』（新世社，2019）
『入門マクロ経済学　第4版』（新世社，2020）
『入門経済学　第4版』（新世社，2021）など

コンパクト 経済学ライブラリ＝1
コンパクト 経済学　第3版

2009年 9 月25日© 　　　　初 版 発 行
2017年 2 月10日© 　　　　第 2 版 発 行
2024年 7 月25日© 　　　　第 3 版 発 行

著　者　井堀利宏　　　　発行者　森平敏孝
　　　　　　　　　　　　印刷者　山岡影光
　　　　　　　　　　　　製本者　小西惠介

【発行】　　　　　　　株式会社　新世社
〒151-0051　　　東京都渋谷区千駄ヶ谷1丁目3番25号
編集☎(03)5474-8818(代)　　　サイエンスビル

【発売】　　　　　　　株式会社　サイエンス社
〒151-0051　　　東京都渋谷区千駄ヶ谷1丁目3番25号
営業☎(03)5474-8500(代)　　　振替 00170-7-2387
FAX☎(03)5474-8900

印刷　三美印刷(株)　製本　(株)ブックアート
《検印省略》

ISBN978-4-88384-389-3
PRINTED IN JAPAN

サイエンス社・新世社のホームページ
のご案内
https://www.saiensu.co.jp
ご意見・ご要望は
shin@saiensu.co.jp　まで．